近代名人文库精粹

文库精粹

翁同龢 康有为

翁同龢 康有为 ⊙ 著

陕西新华出版
太白文艺出版社·西安

图书在版编目（CIP）数据

近代名人文库精粹. 翁同龢 康有为 / 刘东主编；
（清）翁同龢，（清）康有为著. -- 西安：太白文艺出版社，2017.10（2024.5重印）
ISBN 978-7-5513-1296-7

Ⅰ. ①近… Ⅱ. ①刘… ②翁… ③康… Ⅲ. ①翁同龢（1830-1904）—文集②康有为（1858-1927）—文集 Ⅳ. ①Z425

中国版本图书馆CIP数据核字(2017)第237427号

近代名人文库精粹：翁同龢　康有为
JINDAI MINGREN WENKU JINGCUI：WENG TONGHE　KANG YOUWEI

著　者	翁同龢　康有为
主　编	刘东
责任编辑	荆红娟　姚亚丽
封面设计	揽胜视觉
版式设计	刘兴福
出版发行	太白文艺出版社
经　销	新华书店
印　刷	三河市嵩川印刷有限公司
开　本	700mm×960mm　1/16
字　数	185千字
印　张	12
版　次	2017年10月第1版
印　次	2024年5月第2次印刷
书　号	ISBN 978-7-5513-1296-7
定　价	46.80元

版权所有　翻印必究
如有印装质量问题，可寄出版社印制部调换
联系电话：029-81206800
出版社地址：西安市曲江新区登高路1388号（邮编：710061）
营销中心电话：029-87277748　029-87217872

目录 Contents

翁同龢

诗 篇

题王蓉洲丈藏宋拓麻姑仙坛记 …………………………… 3
临吴渔山画 …………………………………………………… 3
题临倪文正公画 ……………………………………………… 4
出朝阳门次通州宿燕郊 ……………………………………… 4
游西山见宝竹坡题名因书其后 ……………………………… 5
咏菜糊涂 ……………………………………………………… 5
题二姊种菊补篱图 …………………………………………… 6
三题章侯画博古牌刻本次前韵 ……………………………… 6
谢崇受之赠苏斋写明人诗 …………………………………… 7
迭前韵题陈章侯博古牌刻本 ………………………………… 7
仿石田送行图画一扇付筱珊侄 ……………………………… 8
次韵刘石香寄怀 ……………………………………………… 8
白玉本十三行为杨献叔题 …………………………………… 8
辛丑中秋月出复翳夜坐悄然见荆门画漫题 ………………… 9
病榻不寐 ……………………………………………………… 9
题旧藏盛伯羲祭酒赠文和州卷用卷中韵 …………………… 10
简张季直 ……………………………………………………… 10

次韵题章侯博古牌刻本 ………………………………………… 10
疾呕口占 ……………………………………………………………… 11

日　记
翁同龢日记 ………………………………………………………… 12

康有为

诗　词

蝶恋花 ………………………………………………………………… 55
大同书成题词 ……………………………………………………… 55
侍连州公登城北画不如楼 ……………………………………… 56
秋登越王台 ………………………………………………………… 56
过虎门 ………………………………………………………………… 57
戊子秋夜坐晋阳寺惊闻祈年殿灾今五百年矣始议明年归政 … 57
过卢沟桥望西山 …………………………………………………… 58
过昌平城望居庸关 ………………………………………………… 58
由明陵出居庸 ……………………………………………………… 58
屠梅君侍御谢官归索诗为别敬赋六章 ……………………… 59
出都留别诸公 ……………………………………………………… 60
送门人梁启超任甫入京 ………………………………………… 61
八月九日在上海英舰为英人救出得伪旨称吾进丸弑上上已大行闻之一痛欲绝决投海写诗系衣带后英人劝阻消息未确请待之派兵船保护至香港 …………………………………………… 61
戊戌八月国变记事 ………………………………………………… 62
登箱根顶浴芦之汤 ………………………………………………… 62
阅报见德人贺得胶周岁事又得杨漪川狱中诗题其后 …… 63
九月二十四日夜至马关泊船二日即李相国议和立约遇刺地也有指相国驻节处者伤怀久之 ……………………………… 63
七月偕铁君及家人从者居丹将敦岛灯塔 …………………… 64

北难日急江南军来归联合五省义士兴师勤王将用日本挟藩之策先行之
　　武昌事败七月十八日门人唐才常殉难汉口烈士林圭等死者三十人
　　祭之哀怆心肺 ………………………………………………………… 64
闻菽园居士欲为政变说部诗以速之 ……………………………………… 65
闻和议成而东三省别有密约割与俄各直省人士纷纷力争 ……………… 66
哭祭军机陈次亮郎中 ……………………………………………………… 66
六哀诗 ……………………………………………………………………… 67
望须弥山云飞因印度之亡感望故国闻西藏又割地矣 …………………… 71
闻俄据东三省 ……………………………………………………………… 71
缅甸哀 ……………………………………………………………………… 72
故太子少保协办大学士军机大臣毓庆宫行走常熟翁公哀词十四章 …… 72
在加拿大闻偿款加镑价重税频加忧而有作时甲辰十月也 ……………… 74
考验太平洋东岸南北美洲皆吾种旧地 …………………………………… 75
哭前翰林院侍读学士湖北提学使黄君仲弢 ……………………………… 76
耶路萨冷观犹太人哭所罗门城壁男妇百数日午凭城泪下如縻诚万国所
　　无也惟有教有识故感人深远吾念故国为之怆然 ……………… 77
三月五日在瑞士吕顺游阿尔频山晚步梨花压山芳草数里越山度涧幽绝
　　无人徘徊花下远闻琴声湖波漪涟夕霞照山溯涧从之疑古桃源也雪
　　旗花独阿尔频山产之游者珍之皆插襟上而归 ………………… 79
与菽园论诗兼寄任公孺博曼宣 …………………………………………… 79
闻高丽亡日俄协约且有蒙古辽东之约痛慨感赋两章 …………………… 80

散　文

广艺舟双楫序 ……………………………………………………………… 81
公车上书（节选） ………………………………………………………… 83
强学会序 …………………………………………………………………… 102
上清帝第五书 ……………………………………………………………… 104
进呈日本明治变政考序丁酉十二月 ……………………………………… 111
孔子改制考叙 ……………………………………………………………… 113
上清帝第六书（应诏统筹全局折） ……………………………………… 115
进呈俄罗斯大彼得变政记序 ……………………………………………… 120

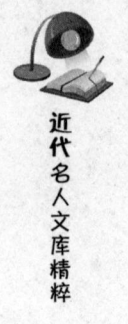

请废八股试帖楷法试士改用策论折 …………………………… 122
敬谢天恩并统筹全局折 …………………………………………… 125
进呈法国革命记序戊戌五月 ……………………………………… 128
请禁妇女裹足折 …………………………………………………… 130
欧洲十一国游记自序 ……………………………………………… 132
希腊游记（节选） ………………………………………………… 134
保存中国名迹古器说 ……………………………………………… 139

日 记

印度游记 …………………………………………………………… 147
法兰西游记 ………………………………………………………… 173
补德国游记 ………………………………………………………… 183

翁同龢

作者简介

翁同龢（1830—1904）　字声甫，号叔平，又号瓶庐，晚号松禅，江苏常熟人。咸丰六年（1856）状元，授修撰。同治、光绪两朝，皆值弘德殿为帝师，官至协办大学士，刑部、工部、户部尚书。光绪八年后，两任军机大臣。戊戌时，因赞同康有为等实行新法，受守旧派所忌去职。戊戌政变后，又受革职永不叙用交地方官严加管束处分。宣统元年（1909），诏追复原官，谥文恭。诗清隽，所作以有关书画金石之作为最工，时于其中发抒悲情。文近桐城派，诗近西江派，书画自成一派。有《瓶庐诗稿》《瓶庐丛稿》等。

诗　篇

题王蓉洲丈藏宋拓麻姑仙坛记

颜公真书变小篆，穷极开阖含刚柔。仙坛大字传本少，而此细楷尤难求。子固作诗叹小缺，后先著录陆与欧。春雷轰残吏橐去，纵有妙迹谁能收。西台嗜书得颜髓，获此片楮珍琳璆。较量铢黍妙分布，刻画丝发烦雕锼。纤纤旁舒蚊脚趀，落落外裹虿尾钩。横空真气不易到，不独波磔中锋遒。南城图经今寂寞，遣坛半圮杉松稠。元宗好奇感神迹，天宝五载开灵湫。是时东京盛罗绮，云窗雾阁通绸缪。骊龙已睡猿鹤叹，文字虽好江山愁。麻源水深不可涉，丹霞洞壑卧且修。公书此碑亦何意，会知日月如奔流。蓬莱方丈弹指变，惟有忠孝垂千秋。小斋夜寒烛花爬，摩挲翠琬春云浮。容翁已矣猿叟去，墨缘聚散波中沤。欲题此诗三叹息，公乎千载真悠悠。

临吴渔山画

齐女峰前劫火红，殿门零落讲堂空。渔山三绝诗书画，犹使人间说默公。

二百年来有后生，庙堂拜疏乞归耕。尖风凉雨秋如此，谁识挑灯作画情。

题临倪文正公画

要典焚残士路清，一篇党论太分明。相公煞费推挤力，破帽骑驴了此生。

逐客偏蒙诏语温，论兵筹饷已无门。萧寥数笔云林画，中有忧时血泪痕。

出朝阳门次通州宿燕郊

出郭便轻快，轻车熟往还。微黄秋半叶，淡墨雨中山。千锸深泥里，双桥落涨闲。我行得高卧，毋乃太安闲。

苇壁添新薄，茅檐缀晚瓜。寻常小村落，珍重古田家。谷贱非农病，钱荒有众哗。从来富强术，毕竟是桑麻。

老矣真无用，归欤敢遂初。家风为政拙，举业读书疏。文质从三变，荣枯集一虚。君看揭揭者，岂是古之车？

多病偏憎热，今朝又怯凉。秋阴含雨重，野树划沙长。马矢煨茶苦，骡绷载果香。一餐吾隗汝，底事宿舂粮。

游西山见宝竹坡题名因书其后

衮衮中朝彦,何人第一流?苍茫万言疏,悱恻五湖舟。直谏吾终敬,长贫尔岂愁?何时枫叶下,同醉万山秋?

咏菜糊涂

再拜惊呼麦一盂,老来才识菜糊涂。海州学舍斋厨味,柔滑香甘似此无。

饭艰难世岂知,当年豆屑杂麸皮。孤儿有泪无从咽,不见耶娘吃粥时。

隔巷孙兄德有邻,炊藜饷我倍情亲。夜长月落尖风紧,多少穷檐忍饿人。

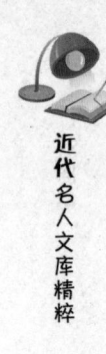

题二姊种菊补篱图

　　上堂别阿姊，阿姊泪如雨。问弟尔何为，行役苦不已？久留固无名，简书况有程。姊看随阳雁，汲汲南北征。商声满天地，如羹亦如沸。阿弟襟袂间，斑斑家国泪。我泪岂妄挥，人生重乖违。敬告世上人，弟兄莫分飞。示朴吾姊夫，古之狂狷徒。开编见题字，令我长嗟吁。种菊复种菊，今年高过屋。更待三五年，金英绚秋谷。

三题章侯画博古牌刻本次前韵

　　文学何须笑大夫，上林古有牧羊奴。要知商战今宜讲，能得斯才亦本图。
　　愧我硁硁作计臣，曾无膏泽及民身。楚茶折阅吴绵贱，愁煞东南数郡人。

谢崇受之赠苏斋写明人诗

谁写明贤塞下词？九边月落雁飞时。论诗不及嘉隆后，风格矜严世未知。

淋雨兼旬万户穷，杜陵无屋破秋风。曝书未了苔生箧，忍亵君家贯月虹。

迭前韵题陈章侯博古牌刻本

被发行吟楚大夫，不堪嬴病恕狂奴。箧中图画都捐尽，卖到长江万里图。

持筹无术愧庸臣，只恤民艰不恤身。赤手能增无量数，桑羊孔仅尔何人？

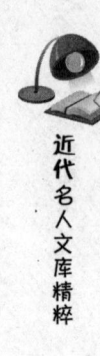

仿石田送行图画一扇付筱珊侄

别君千万里,郑重此一挥,不画浔阳江,琵琶太呜咽。

次韵刘石香寄怀

一沤一发一如来,处处圆明性地开。难得甘黄挚下泽,莫因寒拾钝天台。尖风冷月无边相,瘦竹孤花未易才。山鸟不知吟啸事,看人开卷辄疑猜。

白玉本十三行为杨献叔题

杂遝群仙事有无,神光离合太模糊。陈思亦喜幽并客,未肯低头受玉符。

湖上平章亦可怜,建储送款巧周旋。至今一片西泠石,赚尽书生十万钱。

　　碧玉清刚白玉肥，较量波拂到纤微。近人别具谈碑口，顿觉承平老辈稀。

辛丑中秋月出复翳夜坐悄然见荆门画漫题

　　木叶萧萧柳已黄，回汀曲渚路茫茫。不知懒瓒何情绪？只说江南未下霜。
　　一轮才吐晕微黄，又见浮云白渺茫。我不胜寒何足道，琼楼玉宇有风霜。

病榻不寐

　　中虚暴下气先颓，幽阙昆仑安在哉？骨肉至情垂老尽，江山奇想破空来。寒温迭嬗天无意，生死能回世有才。独拨残釭坐长啸，隔墙僮仆漫惊猜。

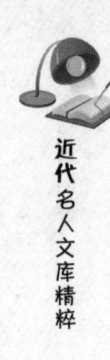

题旧藏盛伯羲祭酒赠文和州卷用卷中韵

潇潇落木下亭皋，意与孤云独鹤高。只感眼前多挂碍，治山无次涌波涛。

山斋雨坐漫焚香，几净窗明竹树凉。午睡起来无一事，自磨残墨写潇湘。

简张季直

平生张季子，忠孝本诗书。每铁常忧国，无言亦起予。雄才能敛抑，至计岂迂疏？一水分南北，怜君独荷锄。

次韵题章侯博古牌刻本

一剑雄驱十万夫，莫将三岛玩倭奴。绝秦诅楚吾何与，忍弃龙兴旧版图？

自笑江潭有饿夫，不应乞米到胡奴。牛阑西畔三间屋，谁画先生卧雪图？

疾呃口占

六十年中事，伤心到盖棺。不将两行泪，轻向汝曹弹。

翁同龢日记

同治五年丙寅正月初六日 ……晚访李兰生,知上于明日至书斋。并闻上除夕误食金钱一枚,三日始下。宫中旧例,煮饽饽,中置金如意等,以取吉利;北方风俗皆然,然亦殊鄙俗!《周礼》于饮食服御,纤屑毕详。大哉圣人之规划也。是日地润。午后无风,而黄沙漠漠。

二月初八日 晴暖。卯正上至,读不甚勤。数进诤言,并讲遣使赈一段;余以为工课太多,恐于圣体非宜,商之兰生,兰生以为然也。

初九日 晴。大风。卯正上至,膳后背书多舛。余进矫轻警惰之说,因切论改过为作圣之基,上听而色喜。讲延英忘倦一段,因推言之。未初三刻退。

初十日 晴。晨寒,午后暖热,时刻如昨,未初三刻退。余仍讲延英一段注解。上读书,膳前不佳,膳后好。退偕李、徐两公看煤炸胡同屋,极陋,不足观也。

十一日 晴。晓寒如昨。时刻略如昨,退几未正矣。上读勤甚,略有戏笑,固争乃已。讲淮蔡成功。是日召见黄倬、荫轩,未进讲。闻伊犁警报狎至,孤城粮绝矣。英夷又屡有要挟。

十二日 晴暖。卯正入,未正一刻退。上读,瑕疵互见,余所称说,皆听纳焉。讲淮蔡一段注解,因请上以手指书,则读始顺口,勉强一试,甚有效,颇喜。皇太后谕李鸿藻曰:闻翁同龢讲帝鉴,甚明畅。上颇乐闻。醇邸来。

十五日 卯正入,五刻毕,而满字仍读,至辰正二刻始用膳。是日上读书尚勤,惟多嬉笑。昨日默书时误一字,余不禁失笑,然因是遇余亦侮慢矣。此中消息不可不慎。讲屏书《政要》一节，未能听也。未初三刻退。连日倦甚，未暇读书，奈何奈何！

十八日　阴风，微寒，日色淡淡。上读如昨，而少嬉戏。午正三刻零即退，以摺交张苏拉，明早呈进。闻吉林获胜解围。晚李若农来，相与谈夷务，悲怀慷慨，莫能伸也。

廿五日　微阴。卯初入，遇都直夫于乾清门，匆匆数语。卯正上至。是日多戏言，龢与诸公切谏，读尚勤。未初二刻退。

廿六日　晴暖。上读书，膳后胜予膳前，讲磁七宝器一段，颇静，数日来所未有！午正二刻退。

廿九日　霁。卯正上至。膳前功课不如昨日远甚，五刻始毕。满书尚好。膳后读熟书好，讲书时则嬉戏不能免矣，交未初始退。是日上挟棉裌，仍用白袖头。昨夜亥初，吏部文选司失火，闻烧去屋七间。

三月朔　晴，暖。卯正，上至，多言语。辰正还宫。以召见全发，巳初二刻后至，未初退。膳后熟书极好，讲书亦静，惟生书略艰涩耳。……出过厂肆，与松竹掌柜张仰山谈隶法。见明人金画《普门经》甚清，陈老莲《二贤图》，为周栎园画，亦妙。得玉印一，文曰"殷子房"。

初三日　晴。仍暖。卯正上至，午正时分退。膳前颇有戏言戏动，膳后读甚黾勉，讲书亦安静。生书带五遍，读五遍，稍变其式，亦尚好。

余与诸公议：上日来言动不合于礼，不可不切谏，乃以敬肆之分，为读书多少之节，冀少有所补耳。归读御选《唐诗摘录》五言三十余首。

十七日　晴。晨起微凉。卯正入，午正二刻退。膳后亦有戏言，俄顷即止。讲书尚静。曰："宋仁宗不喜珠饰，何异于太宗之戒，主衣翠耶？"诸臣皆赞曰："善。"

十九日　阴。不雨，无风，雨霾。卯正入，未初零退。上读不勤，有惰容，兼有不平语。膳后熟书好，讲书殊惰。

光绪庚辰正月初六日　晴，暖。上到书斋，臣等跪贺新年大喜。是日读书，一来即不启齿；进《诗经》，又不能出声。细审，殆成积习。

二月初七日　晴，尤暖。夜，风起，仍诣合门起居，方如昨，有"舌木渐减"云云，又云"气力劳乏"。读仍不佳，勉强对付，不动声色。

癸未正月十五日　阴。卯正二即散。雪。阴寒太久，或伤麦根也。法越事，合肥相国力主在宝胜通商，而视刘永福为眼中之钉，此可虑者也。

新疆北路盗劫频频，金顺一军皆暮气，而糜帑数百万。廷议亦未尝注意，此尤可虑者也。……

二十日 晴。五更月晕，有珥如圭。之二邸。晓仍寒，午暖。到书房读好。巳正先退，到直庐吃面二碗。午初开印。出访覃叔，一派痴话，可怕也。到厂肆，携钱南园字幅，旧拓汝帖归。于论古斋，见方方壶《雨山》、刘松年青绿山水，巨然墨笔，烟客仿梅花道人，又一幅仿某君，有再题数行皆佳。于博古斋见张文和、陈午亭诸人倡和诗册二本。……

廿八日 早阴午晴。卯正二刻，上到书房读甚奋。未初一刻退。访张子青前辈。……在子青处，得见所藏高房山为鲜于伯几画《云山卷》，王蒙为马文璧画卷。钱舜举画瓜，宋高宗竹雀，皆无上妙品。石谷画卷。又画册十幅，亦世不多觏也。饱看而归，犹有余味焉。

四月初二日 晴暖。晚风。……法越事，自准红江各国通商后，杳无消息；且粤滇之兵亦未能锐进，合肥相亦无回电也。朝鲜不能自主，与越南同，近日受日本之欺，以马头让给，且准陆线上岸，于彼实为非计。

五月初三日 晴热。……一月来，电报络绎，法兵破南定，入河内，伤南将屡矣，其实兵不过一千耳。今闻刘永福败法兵于河内，殄其良将某。法议院有不直政府之意，若政府易人，此事可罢云云。法人狡谲，想亦是扬声懈我。

初四日 晴。热甚。……今日李相电报，则言新使脱利古到沪，勉强来见，面有愠色，盖疑刘永福之胜，我师助之。又言：西电称法败后，议筹巨款，不限其数，至吞越为止，断无更改云云。果尔，则与昨曾报大乖违矣！

十七日 热，午后大风，凉。李傅相六百里，而张副宪、刘御史皆有封事。李痛陈边衅不可开，张刘则谓属国不可弃，论切挚，张远胜刘也。入对讫，巳初。递事讫年初矣。……

六月廿三日 ……张霭卿来辞行，谈越事，深诋□□□偏执畏葸。其尊人颇欲有为，而苦粤东之空虚，甚为难也。此君甚正派，将来可用。夜，未雨。

七月初七日 晴。热甚。发下封奏四件。入见，足三刻始退。三明、一寄，亦论法越事，昨日粤东何秀琳所探六月初十刘军获胜。又云：法在香港购洋枪千三百，皆日本所不用旧枪，却未及刘败事，疑盛道所传是虚。今日所见新嘉坡所报，则两次法船载兵约一千余，大船三四到坡，泊而去，又似非妄，一二陈之。其它则论邓给谏语，意在倾之，不敢附和也。……

初八日 晴。热极，汗如浆。……曾电仍申前说，徐信则未及南定败事，但称五月下旬小胜而已。日本所闻又多讹传，言人人殊，可疑也。

十三日 晴。热极，数十年所无也。金满投诚，赦其一死，留台效力，海疆庶稍靖乎。……

廿八日 晴。李相寄电报，法攻顺化都城，尽占其炮台，越兵死七百，伤者无数，越人震恐，请停战。……

廿九日 晴。早晨可棉衣，气候较前差一月也。太后连日咳嗽，须药物，问有天生野术否。越事，上提数语而已。……

八月初二日 浓阴，凉甚。疑外间有雨。……徐小云从易州归，云："廿四之雨，比六月而廿六更暴，山水陡发，冲坏土房不少。自涿州至琉璃河乘船。"连日无电，而日本传来电信，与廿八日所闻同。恐非讹传矣，忧心如捣！

初三日 五更大雾如雨，午渐开，仍有云气。是日张佩纶封事，论越南大挫，恐无识者，遂欲罢兵让地，备不可弛，和不可亟。枢寮中无退葸意，因寄知云粤：坚守北宁，饬粤督添水师，筹大款也。……

初六日 入时沉阴，寅正雨作连绵，至申正或大或小，何啻一尺。噫，奈何！北洋接沪信，知越王被法兵胁，俯首听命，十条新约有成说矣。曾电意同。恭邸上食未来。余谓此宜坚持划江而守之说，仍明告法国，此约断不从、兵断不撤两语而已。高阳以为然。……

初九日 五更雨。天明后旋雨旋止。竟日沉阴，寒甚……未初三退，由西长安门，出访醇邸长谈，为越事也。邸意谓法谋益狡，而我无应策，余意亦然。今日得李寄沪电，详言：《新约》十三条，将次签押矣。直将越之事，权利擸一口吞尽，而谓区区云粤兵，足以坐慑强邻乎？此大可虑者也。

十四日 早晨渐雨。旋晴。沪电寄北洋，谓广东沙面地方被华人毁坏洋房十三处，幸未毙人命。英国派兵船到省城矣。法亦惴惴。边事方殷，又生枝节，如何。年初到书房，未初二散，连日皆戏也。到署诸公毕集，头疼火旺。

十六日　晨犹阴，辰巳间晴暖。写递电报八份，大抵言沙面事及越事耳。法使脱里古、英使巴夏礼于前三日来天津也。粤报法船大队将到，请中枢定进止。……

十七日　晴朗。醇邸到直房议事，先有信致恭邸，意在大张声势，又先与脱言明，彼若开衅，偿款即由彼认云云。其言甚壮，然无赞成者，并从而疵议之，略坐而去。

廿一日　风不止。悲哉秋也，凉不可支矣。得曾电二，皆言讲事。英国愿居中，李函言脱已到，所语如前。黄秀玲报，报则顺化事历历言之。降竟确矣。中枢一无布置，奈何！……

廿三日　晴。西南风。上诣寿皇殿行礼，递覆曾电。李相函言："脱语要挟，必欲剿除黑旗。"李意亦谓恐以一刘，全局受累，并斥边吏只论目前胜负，不思后日利害，似见之浅云云。语殊悻悻。……

廿四日　晴，大风，凉甚。是日周德润、何崇光各有封事，言法越事，皆主战也。见面时将昨陈宝琛摺一同带上，议论良久，总以战备宜速，而讲局亦未可中绝。应持者力持，应斡旋者斡旋，言事者易，办事者难也。……

廿五日　晴。稍暖。张树声摺，慷慨以兵事自任，余与高阳谈，当从中断定议，候脱使来，若执不回，即失和不恤矣。见起时申此义，上意以为然。……

廿八日　晴。晚阴。倪文蔚初十报，但言刘团被法决水冲淹，北宁城外一片迷漫，绝未提及富春一字，可怪也。刘且传摺历诋在事大臣，有过当语，不足记也！

九月初三日　晴。……昨总署见巴、脱，脱无一语及越事，巴则以沙面事饶舌，高阳与争，不免动气也。……

廿三日　晴。风稍止，寒甚。重棉，尚觉单也。惟与高阳在直庐商定致北洋书，将檄各国，明告以来侵北圻，定当开仗也。……

廿七日　……是日发周德润、洪钧、张人骏摺，皆法事也。诸议仍无抉择。……

十月初七日　大雾，晨晴。张树声报请身赴前敌，词气慷慨，杰作也。倪文蔚报，亦请明示各国，北圻尚有起义者，刘团无恙也。巳初散直，归寓饭。……

十八日　晴。入对时多。本日封奏外,将昨日照会中删改处,约略为上言之,至修防征饷等,则固未之及也。臣因言法议院既定发兵,败攻我海疆,乃意中事。津北达山海关外,处处可上岸,为当设防,至彼所筹两次,共一千九百万佛狼(法朗),亦复不少,总计逾三百万银,此大可望。次对赤气占验,以《文献通考》所载详言之,以为似系兵象,天象不虚也。……

廿二日　晴,热。黎明仍有红气如火,照窗皆赤,洋文《新报》盛称海防造屋,将有法兵万人前来也。……

廿三日　晴。天明时赤气半天,吁,可怕也！黄昏时,西方亦赤,检《开元占经》,大略谓天变色,主四夷交侵云云,不如《宋史·天文志》中,月出入赤气之为确也。……

廿四日　晴。……徐延旭报,略云：刘团尚在募勇,越民颇有起义者,然皆未发也。封奏数件,尚无大关系,正奏对次,忽觉胸次梗塞,气重坠,腰背作热,而大汗遽出,衣袖淋漓,良久喘有声。欲先退,并不能立,追起时以手扶桌,足软而眩。下阶内监来,扶出门,则已能支持。到直房略睡刻许,即起如常,归冒大风,转觉头疼了。……

十一月朔　五更雾,加以严霜如雪,亭午始露日光,初更西方红如火也。卯正二刻坤宁宫吃肉,臣与枢廷诸公,皆在第三列,肉热,因大噉。仰瞻神座,益憾无远谋也。……

初四日　晴暖。晨寒,仍有赤气。……黄国瑾论法越事,亦颇激昂,皆好奏疏也。张佩纶在总理衙门行走。召对时,慈谕宫内太监皆守规矩,如皇帝左右有不守法度者,翁同龢即可指名具奏。

廿六日　晴。……递昨日电报五件,皆言越南山西已失。刘团遁走,法损将十三,兵二百余也。越事糜烂,一筹莫展,余连日屡以转圜为言。今日仍力言之,然无和者,不过恦岑、张辈力守我兵所驻之处而已。甫下,而张友樵到板房,闻又叫二起,友樵呼余,告以将赴天津,与李相商事,匆匆入。慈谕："张某自请与李某谈论,鼓舞其气,此人奋勇能办事,汝等有所见,不妨告之,令与李鸿章商酌也。"退到板房,数语即出。年初散,到书房,仅读熟书。未正散。

曾沅圃来长谈,伊言时政三端：一中原民生宜恤；一越事不可动兵；一听言宜择,不宜轻发。其谈兵事,总不以设险著形为然,多一险即多一

败象。其言驭夷以柔，以忍辱为主。其言用兵，必先料敌，能料到数十日是名将。又曰：兵法应敌要活，活则虚，预则滞。其言用人则以虚下人为先，真虚则善言日至矣。类有道之言也。

十二月朔 风力尤劲，云阴尽开矣。晴寒。上海道电报刘团以空城诱法人，地雷忽发，法兵尽毙，果尔，岂非快事？李相摺言未可因挫败，遽议撤兵，盖张公到后，特补此疏，以掩前失耳。巳初一到书房，作诗四句《八骏图》，先退。诣国子监，同人皆集，遂定以南洋所助二万，交直隶矿局，每月一分行息，致书合肥，令转饬也。晚归，松寿来。

初三日 晴。风止，暖。……是日三处电报，山西既失，法攻北宁，小轮载炮，去城六百丈，轰打岌岌，并有欲取琼州之说。诸公方拟明日请旨，饬广东彭张严防也。

初四日 晴。电三件。极言大柢北宁缓攻，琼州可虑耳。请旨派彭玉麟遣所部渡海。派郑绍忠专顾琼州一路，会吴令美办理，而彭不必亲赴琼，盖慎之也。……

十一日 晴。……张电始知前月十七，越之山西失守，刘唐两营退扎兴化，旨饬粤东派军援之。……

十三日 阴。竟日飘雪花，细如毛。……张香涛两疏极畅切，但所计军需只六百余万，则指现在天下募勇之数，而未计海防新募之数也。

光绪十年甲申正月十六日 晴。午后阴寒欲雪。岑报十二月十一到保胜。略言兴化不可守，宣光无兵，保胜以上路多猛兽，保胜以下途有教民，其气似馁矣。亦请闽粤兵轮夹击，有寄谕一道，巳初散。……

十九日 昨夜雪花，五更微月，黎明大风。辰正到书房，讲论古事，并及时事。先退，邀曾沅圃、阎丹初、张子青、李兰孙、广绍彭饮。沅圃早来长谈，申正散。风不止，稍寒，尘沙蔽天。是日上于西厂子宴蒙古王公，未正入座。从前此宴在万树园看烟火，故特晚。……

二月十八日 沉阴欲雨，竟日昏昏。是日得北洋电二：一报北宁炮台失；一报北宁城失。无详细情形，亦无月日，大约总在十四五耳。……

十九日 晴暖。……是日又得北洋二电，曾一电，皆云北宁十五失守，华兵亡者无数。人对极论其事。……

三月初二日 有风，早甚寒。……大奏越事，周君德润所陈胜于龙君湛霖也。二君皆余及门，故聊为轩轾耳。是日略陈他时结局之难，并海防之不足恃，兰生与余言稍多，景公未置词，恭、宝皆未入也。内务府奏决一太监刘憼华系偷窃金瓶者，于法稍重矣。……

初八日 晴，暖。……今日入对时，谕及边方不靖，疆臣因循，国用空虚，海防粉饰，不可以对祖宗。臣等惭惧，何以自容乎？退而思之，流汗不已！……

四月十六日 晴，夜风。早极凉，午后热。……廷寄略云，所拟五条，不索兵费，不入滇境，余亦于国体无损，可允。又以龙湛霖专议，而摺引前谕，必有人漏泄，饬以后必办究。一款中国连北圻处，法保全助护；二款中防营调回边界；三款不向中国索偿赔费；四款条约中决不入伤碍中国字样；五款画押后三月，照所定详议条款。

……总之，越南全境，中国从此不得过问。其忌各国则恐其分红江之利耳。如此下台恐彼必有隐忧后患，否则安肯俯就，惟先画押，再详议，亦恐有失。

五月初四日 晴，风止。辰正风又起，飞沙如昨。有雨数点，寒甚，晚风止。……出城拜客，晤张香涛，尚病。李兰孙则面貌又丰矣。……

闰五月十二日 ……法二次照会，谓法文与华文或有龃龉，恐误会，仍申撤兵语。孤拔到香港。巴德讷到上海。有挟制意，大约孤候兵船，巴亦有兵自卫。我照会言，谅山保胜屯兵处，暂不准进兵，且候再议云云。昨拟照会进呈，到总署，因斟酌数字未发。今日再请旨，醇邸颇不谓然。□□□上意亦怫，似有诃责也。朝廷之意，未尝不欲和，而退兵断不肯，又须有硬语。赫德允问巴使讲说，亲往上海一行，十四起身，十七、八听回信。……

十六日 晴。……访张樵野，知今日事有转机。复诣绍彭处，精神委顿，喘气仅属，殊可虑。今日电覆李凤苞，今告茹酋，约文中法互异。法谓先退兵后讲；中谓先讲后退兵，今拟一月退兵云云。仍责其可搪抵即搪抵，不准擅许。

廿三日 尤热，晴朗。……早晨得朴庵函，即覆之。意与当事者稍有异同也。沪报孤拔带兵船十，未知所向，有廿七日攻取地方语。福报有法兵船二只，驶入福州口。

廿七日 晴。早尚凉，午后热。……今日译署诸君皆入，未闻有所措置，和战之局未定。今日布告照会始发。

廿八日　晴，酷热不可当，表至八十二分。……昨赫电：巴允将条约重议，再限八月，一面知照孤拔无动兵，孤拔欲先作马尾船政局，以为抵押云云。昨已派曾国荃、陈宝琛全权往沪议约，邵友濂、刘麒祥随同办理。刘乃霞仙之子，新从法国参赞归，左相举荐人才之一也。巴代拟中国致谢使照会，语尚和平，此必赫所为也。……南洋来电，催促款项甚急，邵、赫向巴使再三缓颊，允暂缓听信。曾沅甫以死守自任，不愿与闻和约。陈伯潜有祖父之丧，欲回籍。福州四轮入口。茶市停止。沪上六日船亦无出入。谢使作下旗驰归之态。

六月初五日　晴，热。……明日总署将递摺，略言夷情叵测，船政局断不可失，基隆煤利断不可失，琼州、舟山、旅顺形势所系亦断不可失。英有八艘，游历北洋，此意不得不防者也。各国照会英谓将来商务吃亏，临时看形势，再定偿补。俄略同。德言保护商民，伊未便出力，惟美尚肯问讯法王，然皆袒法意，多恐不足恃。次言各海口守备已完否，战事有把握否，兵已调集否。户部饷已筹备否，谢使照会中国，既布告各国，显揭其短，此仇必报。赫云可偿伊四百余万。

初八日　……昨日曾（沅圃）与巴晤。巴索三事：一、革刘永福职，二、索偿款较原说减五分之一，三、定地方日期，全看今日酉刻议论何如。邵电言，事机甚迫，曾不敢诺。总署发电，微露转圜。美国意明日请旨。今日英使到署挟制。

初九日　昨彻夜大雨，不能寐，黎明止。北望，露天光，已而晴朗。……端午桥来，还《史通》，借《归评史记》，其人读书，多与名流往还甚稔。……

初十日　晴。有云气，早凉午热。……午初入署，未初归。校《史通》，始知前廿年所临冯评，即钱牧斋评也。家有藏书而弗能读，卤莽至此耶！……

十九日　晴朗。……南北洋皆报基隆炮台被法占去。法照会南洋，因讲费不定，已取基隆炮台作抵，仍不失和，索八十兆，收赎，分十年还清。

七月廿三日　阴。……闽粤毫无动静，福州、香港口外，均有法船，并有英人接济煤粮之事。北洋报倭将有船要挟琉球事。

八月初三日　晴朗。上海各国商民公议，请公使调停。昨日日本使到总署，示意各公使会议，不日将来说和。邸拟三条先向彼说：一、索赔马尾等船炮，二、不准法独保护越南客民，二、法无商事，各国另议极公平条约。

廿五日 晴。甚寒。……南洋电：十七日，刘五路伏兵攻复基隆，杀法五百人，夺炮九尊，洋枪三千杆。北洋电同，陈宝琛电同，皆据台勇到沪口述，谅不致虚。邵电法酋气沮言闪。……

乙酉二月廿八日 晴。大风。……约关外三月初一停战，十一月撤兵，云南期较宽，此赫德所说合也。张香涛初奉此信，即来电以为前敌正到手，不能中止。奉旨饬令，即速知照军前，而昨又电致北洋，言龙州线已断，洋酋一人不能料理，意在阻挠此举也。奉旨再饬即不能电，亦当急递云云。军机大臣面奉谕旨，中法现议修好，允准往约，各路军营，着即定期停战，滇粤各军并着照约定期撤回边境。……

廿九日 晴朗无风。在醇邸处见各电信。彭请勿撤兵，先向法索一千万兵费。张请勿撤兵，凡并旨均以津约。以撤兵为第一义，断不可改，词意颇切。张又报岑军初八日大胜，得临洮府，杀白衣法二百余，红衣法四百余，教民千余，我只伤数十人，实为奇捷。左请勿撤兵语，稍委婉。其余金登干与赫德来往之信，大约争南粮，争撤兵，赫右中国，金右法国而已。日使与李相问答，李相语壮，撤兵议处两条，皆未允。拟略给抚恤，交朝鲜转付。朝鲜用德国人木林，得为大臣，令在日本付赔款，颇龃龉，意欲挟俄为重。

三月初九日 晴热。……张之洞电谓津约中，有分保护之说，当与申办。又谓冯子材等不甘退兵。

四月初五日 晴。有风不大，早凉可棉衣。……张电，谅山得手，而彼兵尚在窥测，宜任冯子材以总统，备非常。

二十日 阴。午后晴。第二条法文已回，至于中国与越南往来，法国允许，不伤中国威望体面，仍照此次《中法新约》云云。俟译齐及进呈，即发北洋画押矣。……

六月初十日 ……晴。昨日雨，约四寸许，九衢泥泞。……法电澎湖兵暂不撤，越南兵乱，归咎于粤之彭张两帅。英占朝之巨磨岛，必欲中国许之，总署不肯，尚在□□。朝俄有密约，盖朝之细人为之，彼君不知也。朝之外部木零德者，美国人也。李相荐于朝鲜，朝鲜用为外部。今乃

输情于俄，朝甚恶之。俄以朝不请彼教师，责其不和，意在借此生事。

廿四日 阴，小雨一二次。午后晴，晚霞。……以中法议和，宣布中外。以去年议法事，言官陈奏措辞过当，肆口诋诬之，吴峋、梁鼎芬交部严议。饬疆臣特旨交查事件，延不覆奏，并理财诸务、种种废弛。

光绪二十年甲午正月初一日 早晴。午后云气渰发，微暖，雪消。寅初三刻起，焚香告天，退谒祠堂，茹素。卯初至隆宗门外朝房，徐、李、麟三公同坐，章京延孚琦来。恭闻懿旨，加恩百职。臣龢乃蒙赏戴双眼花翎，并赏用紫缰。同官孙家鼐松滩皆赏花翎，交部叙议，三人连衔具二摺，余任属稿，孙兄饬吏书之。卯正二刻，皇太后御慈宁宫，上亲进贺表。……辰初二刻，上御太和殿受贺，宣表如仪。退诣国子监朝房，草谢摺。孙兄来。未至午初，即上殿恭俟筵宴，余在东边第五列徐协揆之次。午正上升坐，乐舞如常仪。四刻多毕，退出东华门。恭诣贤良祠先公位前行礼上香。谒恭邸，并拜数客，归已未正。敬告祠堂，合家称贺。本家印若弟兄来见。发电信寄知菉卿笔帖式，托在此候摺，从朝抵暮，摺犹未来，款以饭。

二月十八日 晴。风未止，寒甚。……顺天府报雨二寸有余，此甘雨也。畿南颇旱，山西南路及陕西，西同凤半年未雨，荒旱可虑也。见新门生数人，国学肄业。南学中者徐乃昌来见，送所刻《积学斋丛书》四函，其人翩翩公子也。陈伯商、周伯晋先后来，两君皆被劾，交掌院察看者也。

三月十二日 雨。自辰抵申，润物无声，可喜也。照常入，四刻退，成均朝房小坐。出西长安门拜客，晤志伯愚侍郎、叶鞠裳太史，商量新修儒林传，寻费屺怀，见所藏旧拓石鼓、宋拓《茅山张从申碑》、宋拓二古刻。宋板《周易本义》、文侍诏仿沈长卷、赵书诗卷、小米《海岳庵图》，皆极精之品。越州石氏小楷一册，停云馆初拓，亦精极。并携其所画八叶归，甚乐。……

四月廿四日 晴。寅正八人集景运门外朝房，起下，回到南书房。卯正上御乾清宫西暖阁，臣等捧卷入，上谛观第一名，问谁所取张，张公以臣对，麟公以次拆封，一一奏名讫，又奏数语，臣以张謇江南名士，且孝子也，上甚喜。退至南斋，写名单，一面递上，一面持名单，出乾清宫，宣呼良久始齐，遂带引见讫。后至南斋，以朱笔标十本，柳门书之。捧卷出,至传心殿,饭。兰翁作东。饮毕同至内阁,标二、三甲,观者如墙,汗流几晕倒,三刻始毕,遂归。……

五月初二日 晴热,风,旱象可虑。照常入,写扇五六。五刻退,饭罢出,在成均朝房小憩。入署,午正二刻散,竟无一客。看康长素。《新学伪经考》,以为刘歆古文无一不伪,窜乱六经。而郑康成以下,皆为所惑云云。真说经家一野狐也,惊诧不已。……

十七日 晴热,晚阴风。户部值日。……见新庶常四五人,沈世兄研传来,知仲复尚在安庆,私债尚三万,奈何!仲复居官居家不可知,其待朋友厚矣,于我尤厚。……

廿二日 微雨,旋止,郁蒸特甚。入看《会典》一本。……高丽有叛民占泉州,国王来乞师,我五百人往,而日本以七百人入其境。方议同撤兵,而日添兵五千入其国都,欲变易其政事,练其兵卒,而不认为中华属国。朝旨屡饬李相添兵,仅以三千勇,屯仁川、牙山一带,迟徊不进,嘻,败矣!

六月朔 阴,忽雨忽止,极大,亦不过一刻,不致倾盆。晚稍爽,可望晴。照常入,四刻退。径归,欲赴成均而不果,路难行也。写书根,看词,太懒散矣。李木斋,文芸阁同来,正雨,久坐而去,两书皆分散庶吉士也。夜微雨。

初二日 晴,仍东风,稍爽,热甚。照常入,四刻退。祝汪柳门生日,未见。路难行,策马入署,甚觉腰腿不济,受暑目眩,衰可知矣。一时许散。归后不敢看书,萧散自适。门人吴湘蘋来辞行,深言广东录遗之弊在重名,重名者富户得意出结,官得巨资,而寒儒更困,若能归并一场录取,则重名者无所施其技。……王廉生来谈《图书集成》缺叶事。李经楚、陆惟祺均撤销军机存记,以言官弹劾也。……

初四日 是日文廷式封事召对,又内务府请先发。庆典用款一百五十六万摺未下。……申初奉延寄一件,北洋谓海军难调,必别募二三十营,令部先筹二三百万的饷,方可战。旨令海军户部会筹。……

十二日 晴,有云气,晚风虽郁蒸而气高。……日前文廷式、张仲炘皆有论朝鲜事,未见发。日本电语桀骜,谓中国政府必望撤兵,是有意欲滋事云云。叶志超电请添兵,合肥仍持恐开衅之议。

十四日 晴。……余与高阳皆主添兵,调东三省及旅顺兵,速赴朝

鲜。余又谓清厘朝鲜内政，不为失体。此二端皆入复奏。是日军机见起，上意一力主战，并传懿旨亦主战，不准借洋债，传知翁同龢，李鸿藻上次办理失当，此番须整顿云。又欲议处北洋，又欲明发布告天下，此二事未行。……竟夜雨有声。

十五日 雨止，气稍清，收潮。晨云阴，午后放晴。照常入，写扇，看《会典》。上至书房，臣入奏昨日事，大致添兵，仍准讲解。上曰：撤兵可讲，不撤不讲。又曰：皇太后谕，不准有示弱语。遂退。……

十七日 天未明，雨又作，泥淖益深。……晨晤庆邸，见电报数件，有英使请令倭兵扎汉城南，华兵扎汉城北语，似撤兵一节，尚易就范。……

十八日 昨夜雨达旦，晨冒雨行，衣尽湿，登陛门阶，亦颇不易。先晤兰孙，后晤庆邸。比入，上以翰林院代递曾广钧，令阅所陈七条，大旨灭日本，语殊豪纵。先退，诣军机处看摺，诸公早集。余联沅摺。……

廿一日 大雾疑雨，雾散却晴，然毒热郁蒸。照常入。上以钟德祥片一件交阅，并电信八件先下。偕庆邸、高阳坐待片刻，同到军机处看摺并电。北洋电：传大马下令，种种狂悖，首以韩非属邦为言。又称所出教条不能改。中国若添兵即以杀倭人论云云。北洋又谓俄有十船可调仁川，我海军可会办云云。前电上盛怒，臣一电，上不为然，命不得倚仗俄人也。……

廿五日 忽雨忽晴，午闻雷轰然，既而骤雨，晚又霁矣。集传心殿。辰初二刻入座，巳初二刻邀麟、徐、李三中堂，昆、崇两尚书，南斋六君子、孙五兄同至会典馆。图上办书处两桌，先后坐待，南斋四人不至，雨作不能露坐，殊草草。午初二冒雨后入，直至戌初一刻始散。危坐竟日甚乏。初拟见枢廷，今日必当宣战，及布告各国，见庆邸，所闻不尔。又见北洋数电，以为稍缓。比归，得樵野信，始知倭在牙山潜击我船，有英商载我兵船一只击沉，济远尚自顾，广乙则败矣。

廿八日 沈阴，早晨西北风，露日，旋又合。是日上诣两殿行礼，无事，本可不入，因欲知消息，仍至月华门寻庆王，已散，遂出。至黄酒馆，与高阳剧谈。张樵野亦来，谈至巳初方散。有顷，高阳着力来告，牙山得捷音。午后那琴轩来，俞君安、樵野先后函告廿三日牙军与倭鏖战，杀俄千余，我兵亡百余，而倭添兵五千，又平壤已为彼踞，得失胜负之数，未可较也。……

廿九日 晴矣，可喜也。晨入，遇庆邸于乾清门外，立谈数语，谓平壤未失，昨乃讹传。卫、马、左三人皆抵义州，廿四日牙山又有战争，未知胜负，消息不通也。归略憩，入署事繁。无客来而懒甚，不知作何事，日已暮矣。沈生子培来深谈，谓将来总归调处，所虑草草定约耳。此人有远识。画朝鲜地图略。……

七月朔 晴朗无云，好天气也。……壬辰门人刘培之来见。夜得樵野书，北洋电雇英轮探仁川，知廿五六牙军又捷。杀敌二千余，进札距汉城八十里，可喜也。夜彻旦雨淋浪。

初三日 阴。午前雨数次，骤而短。午后见日，或者可晴耶。连日郁蒸不可当，今仍未爽也。照常入，军机来请看摺，上面谕亦然。乃先退。庆邸待余同直，兰孙有起，亦同到军机直房。看志锐、丁立钧摺论倭事，长麟摺请起用恭亲王，递奏片两件：一、将论事者皆驳；二、请原摺留中。递后传散，始退，时已正二矣。出长安门，乘马入署。黑云如晦。午正三刻散。晚樵野来，云丁汝昌带六船赴大同江口外游弋，北洋称为老成有识。北路卫左军驻平壤二百余里，两路牙山军无援，而倭由釜山添炮队攻牙山，此师若陷，谁之咎哉！终日徬徨，有言不信，奈何！得盛杏生电，谓宜以海军全队救牙山，少则不济，即覆之。

初六日 上祈晴，晨大雾，隔手不见人。放晴，热如昨。辰正撤书房，遂偕庆邸同赴军机处。李公、福相、崇、张两君亦至，看摺八件，片六件。北洋报牙山军挫，叶不知下落。倭逼韩状。又为丁汝昌粉饰，言初三日报者，谓牙山有大炮声，或系六艘开仗，功罪未能定。吉林报俄以三艘载兵，人持一斧往元山。黑龙江依将军请带八营赴韩，军机承旨诸臣商办，如有所见，尽可单衔，勿事后异同。奏片一件，谓丁缓议。另陈五条。午正二刻散。归得盛道两电：一、报叶军陷，二、言叶在公州。电复之。晚访颂阁，问其三郎君疾，甚重。门人傅嘉年来，言丁汝昌不可劾，七艘须保全。傅系船厂学生出身。夜尤热，挥汗如雨。

初十日 ……刘葆桢来谈时事，谓叶军廿八日覆没，韩人死者二万人，汉京死亦如之。日兵仅死千余人耳。此事津早知，而北洋不电。樵野信来告，今日倭船廿一只，扑威海，击败。后来仍游弋成山威海间，齐吴浙闽皆可虑，而津沽山海，尤宜警备！

廿五日　晴朗晚阴，入夜小雨，西南风。照常入，先退。偕庆邸诣枢直，译署及李公皆在，看摺四件。电数件。于钟则病驳本，多传闻失实也。长摺本皆未行。……于易、高两摺参丁汝昌，余与李公抗论，谓不治此人罪，公论未孚，乃议革职，带罪自效。既定议，而额相犹谓宜令北洋保举替人，乃降旨，余不可。孙君谓宜电旨不必明发，余又不可。乃列奏片，谓丁某迁延畏葸，诸臣弹劾，异口同声云云。又请以叶志超总统平壤各军，又请准张之洞奏调广西总兵张春发、广东总兵潘瀛募军北来，余则皆置不议。退时午正，极费口舌，余亦侃侃，不虑丞相，嗔矣。……

八月十三日　晴，热甚，疑将雨矣。自朗抵暮，以集款事，或发电，或致书，营营不已，中间入署一次。归晤台湾人许伦华谈台事，谓士勇可用。夜得樵书云：叶电军粮五船，在大同江为敌劫去，存粮不敷五日，此师殆哉。前此电北洋以后路粮合为要已六七次，而此番转以商船，入大同江，措置之谬，一至于此。盛电云：敌尚据黄州，东至阳德，后路危急。

十八日　晴热。……上至书房发看昨日三电。戌刻一电则平壤告不能守云，敌在高山架炮俯击，人马糜烂也。旋至枢曹会看事件，高阳抗论，谓合肥有心贻误，南皮与争，他人皆不谓然。余左右其间，曰：高阳正论，合肥事事落后，不得谓非贻误。乃定议两层：一严议，一拔三眼花翎，褫黄马褂，恭候择定。写奏片。……

十九日　晴。晨入，退诣枢曹，头痛如裂，所商者北洋电借洋磅及叶军坐困情形耳。急退而热大作，牙亦痛极，倒床不能起，瞀乱呻吟。晚雷雨。樵野来，告海军在大东沟外，遇倭船十二只，我船十一只，济远逃回旅顺，而致远、经远、扬威、超武四船皆沉矣。又闻平壤已失，益觉肝火上炎。陆医竹君来处方，服三口，中夜头痛顿止，因又进三口，觉太燥，卧不适，比明而热又作。

廿二日　天未明，接知会，遂自奋曰：吾何病哉！辰初抵公所，倚枕卧待李公来，同至枢曹看报及摺，电数十件，大要：十六日叶军败退，十七日海军转战及义州，岌岌情形而已。余谓宜调东三省兵，而急设大粮台，派大员经理，又于鸭绿江岸，筑土炮台等数事。坐不住，先退。……

九月廿八日　晴暖。……北洋电来，宋电：廿六夜大雾，倭据三浮桥扑渡，我师先击毙贼甚多，既而我挫，伤亡极伙，后路无援，火器不敌。虽凭垒未退，而莫可如何。观电语。似有致死之意矣。……

十月朔 寅初，客叩门求见，盖唐君仁广也，其意欲得三万人专办东事，语极壮。惟濒行，忽欲称门生，此为可鄙，严拒之。

初四日 晴。午暖。入见如昨。……内侍来言：皇太后召见。遂至宁寿宫蹈和门内小屋坐，庆王一、恭王一、军机翁同龢、李鸿藻一，奏对良久，慈颜怫郁。问诸臣计将安出，孙毓汶首陈各国调处事，并引臣昨晚语，余对此事不可成，亦不欲与，盖将来无以为国也。退至枢直看摺。是日庆邸力陈恭亲王宜令督办军务，允之。……

廿五日 ……是日恭、庆两邸请见皇太后，因昨日美使田贝到总署，自称奉其国电，为中倭调处，拟一文书云：大清国大皇帝、大美国大皇帝，同派田贝讲解日本事，以朝鲜为自主，赔偿兵费议定，再定数目，先令停战。若议不成，仍开战云云。须用总理衙门印。呈此稿时，上曰：冬三月倭人畏寒，正我兵可进之时，而云停战，得毋以计误我耶！……

廿七日 阴，惨。晨入，见李抚电，有旅顺不守语，为之惊悸！进讲二刻，退后始知北洋急电：旅顺廿四日失守矣。见起四刻，余与兰孙引咎，诸公则否。……

夜作寄筱山函，愤虑填膺，恨不速死。同侪中尚有谈笑自若者，噫！李鸿章革留摘顶，责令严防各口，并亲历大沽、北塘。仓场奏片抬写处皇上"上"字讹写"下"字交议。真可怪也！

十一月初二日 ……上颇责吴大澂挑沟之迟，赏聂仕成、日本元翎管荷包，兵丁银一万，以其在连三关击毙倭目富冈三造也。传懿旨：赏恭亲王苑门内坐二人肩舆，谕旨赏李鸿藻苑门内骑马。已正将散，忆前有初二日带上之谕，遂祇候。午初三刻传太后见起，午正二刻，入见于仪鸾殿，论兵事斥李相贻误，而深虑淮军难驭，以为暂不可动。礼邸高阳颇赞此论。次及言者杂遝如昨，论驳孙某语涉狂诞。事定当将此辈整顿，次及二妃语极多，谓种种骄纵，肆无忌惮，因及珍位下，内监高万枝诸多不法，若再审问，恐兴大狱，于政体有伤，应写明发，饬交刑部，即日正法等。因臣奏言：明发即有伤政体，若果无可贷，宜交内务府扑杀之。圣意以为大是，遂定议，退。退写懿旨，封固呈览，发下交内务府大臣，即日办理。……

十三日 沉阴，雾连日，奇暖，地开冻。……饭后，到督办处，与恭邸言停战即在派全权之中，全权既派，战必自停。失此隆冬可乘之机，明

春更难为力，邸亦无如何也。可恨者兵未到齐，到亦无械，且须休息操练，然则经亦缓，不及事而已。贼之守金州者，第三队也。其第一队，以天寒不得力撤回，故聂士成等尾追，得小胜。其第二队在岫岩，宋庆等军，不能攻则遭回于辽盖间，贼固不出，我亦不进。而扼金州之贼，北瞰陪都，南通大海，西窥山海、津沽，坚壁以老我，多方以误我，其为患岂有涯哉。……

十七日　小雪，到地辄化。天气愁惨。每如此，往往前敌有战事，吁，可怕也。……是日王鹏运摺，言勿为和议所误，仍宜修战备。得湘信，再写数行寄之。

十二月十七日　晴寒，照常入。见起三刻，封奏交刘帅阅看者三件。电报则盖平失守、章军左次，及倭以第三队兵浮海窥威海，皆极不顺事。上为之焦劳，书房一刻即退。再至直房商电旨，午初散。小憩，即至督办处，始见宋庆报盖平失陷情形，自请治罪，催刘出关。诸公相对，一筹莫展。……

廿一日　晴，大风，午止。晚又风，甚寒。……午正一刻，余等入见四刻。谕：今日卫汝贵罪，刑部奏上，奉旨改立决，汝贵有无议论，可从宽否？三问莫对。谕：吾非姑息，但刑部既引律又加重，不得不慎。诸君因奏不杀不足以申军律，臣亦别有论说。语甚多。

廿三日　晴。……致吴宭斋函，托岑云阶：大李事，伊交刘差委，而刘委以赴前敌画图，非所愿也。

廿六日　晨阴，午后晴。……午入署，与档房诸君商赫德借款合同稿。赫屡次生波，昨所允五百万磅，今变为三百万，可恨之至。南洋欲借德国债，来电极长，又恣意挥霍，亦难即允。王夔石到京，亟访之于杭州馆，须已白尽，精神尚好，谈良久。……

廿七日　晴。晚寒。入时见电报，贼由金山嘴登岸。廿五申刻荣城县失守，威海益迫，恐旦夕复失，相对于邑！……

光绪二十一年乙未正月初六日　子刻，雪作，细而密，五更积七八分。冒雪入，路滑。晨看电报，知威海南台不守，戴电将毕命，结句凄婉。见起三刻。是日上初至书房，孙兄续假十日，余仍独值，巳退。复召以谈到五电，今番则南三台尽失，海舰依刘公岛泊，而岛上击沉倭船两只，一鱼雷艇，一兵船，大局糜烂矣。焦灼愤懑，如入汤火。……

初七日 风止。奇寒不可当，几于坠指裂肤矣。照常入。是日卯初二刻，上阅祝版，见起二刻，书房二刻。传旨以昨日刘公岛击沉倭船二只，宜加嘉奖励，到直房拟稿，递上，散。午后赴督办处，诸公皆集，程、董二提督来。令董驻马头商威海事，竟不能发一策，可叹。晚归。

初九日 早起微雪，甚寒。冒雪入。见起二刻。是日军机南书房进春帖子词。军机诸臣例与南斋在懋勤殿跪进，谓之跪春。余因到书房，未入班也。再到直庐，巳正退。小憩起赴督办处，申初忽见东抚电：威海北岸三台尽失，戴宗骞上定远船矣。请发重兵往援。相对默然，计无所出。抵暮散归。柳门送电来看，愤极愧极，寇深矣若之何！早间服牛汁少许，遍体融畅，噫！

初十日 微阴，立春。景物殊萧瑟。是日皇后千秋，百官蟒袍补褂一日。见起时，上前三叩头，二刻退。书房三刻，再到枢值，巳正散。午后督办处晤夔石，两邸诸公毕集，欲商略北洋事，而无发言者，余则喋喋论列，不能已也。归时日落，柳门书云：张邵到后，彼云非十足全权，不与议；且以广岛屯兵，令赴长崎候信，则近于辱矣。

十二日 晴。略暖，街衢化冻矣。照常入。见起二刻，书房二刻，再到直房，即赴东边候起。辰正三刻，偕庆邸入见皇太后于养性殿首。谕战事屡挫，今使臣被逐，势难迁就，竟撤使归国，免得挫辱。于是恭邸孙、徐两君，喋嚅委婉，谓宜留此线路，不可决绝，述田贝言，若决绝，则居间人亦无体面。谕曰：若尔，中国体面安在？诸臣略劝慰，臣谓定约画押既添入国书，则批准一节，亦宜叙入，或稍可维持。圣意龀之。

十三日 晴。稍暖。头起王文韶军机与庆邸同见，二起三刻退。所论皆昨日英法使议论国书事，大约必去"批准"二字而后可。圣意亦俯允矣。论聂士成亦以调入关为是，请发致美国总统，谢其调处，即昨日裕阆西所言者也。电稿已具，余与高阳不再到直房，即散。……

十六日 重阴。照常入。上召余至书房，问时事，兼及里边事。见起四刻，上以唐景崧电，有巡幸语，问诸臣时事，如此战和皆无可恃。言及宗社，声泪并发。臣流汗战慄，罔知所措矣。孙、徐皆奏使臣事，余以为特梦呓耳。退后郁郁不能食，巳初憩方略馆。午正赴督办处，诸公皆集，请陈右铭商事，右铭尝从曾文正军营，颇知兵机。其言以游击之师为主，津北津南须分两大枝兵御之。薄暮归，柳门来，告田贝得信，须另派十足

全权、曾办大事、名位最尊、素有声望者方能开讲。张邵不准驻彼境中。那桐来，以方孝杰借美款事与商。

廿七日　晴。巳初后风霾，午后飘雪甚密，已而放晴。入夜风止，雪花又飞。照常入。见起四刻，书房三刻，再到直房递事。散。午赴督办处，诸公皆集商量，讲事竟无一策。合肥今日到京，也讲事难成。田贝据日电，谓非有让地之权者，不必派来。见董福祥，告以明日不能往南苑阅队。归后那琴轩来晤。

廿八日　昨竟夜微雪，五更积数分，晨止。是日李鸿章到京，先晤于板房。召见乾清宫，与军——机同起。未见之先，内传以灯来迓，在养心殿东间见，立奏数语出。迨见起时，合肥碰头讫，上温谕询途间安稳？遂及议约事。恭邸传旨亦未尝及前事，惟责成妥办而已。合肥奏言割地之说，不敢担承，假如占地索银，亦殊难措，户部恐无此款。余奏言但得办到不割地，则多偿当努力。孙、徐则但言不割地，便不能开办。问海防，合肥对以实无把握，不敢粉饰。合肥先退。余等奏日行事毕，退，不过三刻耳。……

二月朔　晴朗，午阴，旋又晴，微寒。是日坤宁宫吃肉，凡四十三人。李鸿章添入在刚毅之次。卯正入，二刻毕。召见两起：李相头起，军机二起。事简。闻昨日英俄德使晤合肥，然无切实相助语。合肥面奏，略及割地，恭邸亦发其凡，余却未敢雷同，同人亦寂寂也。再到直房，巳初散。……中怀愁结，殊不能堪。

初二日　晴。午后有风，颇凄凛。照常入。见起二刻，先入见，知昨李鸿章所奏，恭邸所陈，大拂慈圣之意。曰：任汝为之，毋以启予也。巳初退。午到督办处，未正入署，穷日之力，看《普法战纪》四本，惫极矣。仙语若无事。吴清卿电，卅日宋军败，伤亡颇多。

初三日　阴。早寒。户部带引见七排。见起三刻，书房一刻，仍于军机未见时，先入数语也。散时早。宋军卅日于大平山血战，挫失数百人，宋伤腰。午赴督办处，晚归。晚于晦若来饭而去，深谈津事。初更雪作，极密。

初四日　竟夕雪，五更未止。晨后或止或作，午始霁，计三寸余矣。冒雪入，石滑，兢兢先入一次，见起三刻。恭邸奏田贝云：初二日倭回电驳勒书稿何以用汉字，因改洋文再电去。上曰：此借事生波矣。汝等宜奏东朝，定使臣之权，并命李相速来听起。比退，奏事太监传慈体昨日肝气发，臂疼腹泻，不能见。一切遵上旨可也。巳初退，到督办处。未正到署，暮归。李相便衣见过，不能拒也。留饭，谈至戌正三刻始去。

初五日　晴。竟日大风，寒甚。……李相昨送电六件，有三件均录二月中旬倭大股北犯。李馈牛汁甚伙。

初六日　晴。……晚答李相，长谈抵戌正。今日倭电回，于勅书稿改三字。李相议及割地，余曰："台湾万无议及之理。"

初八日　晴。无风顿暖矣。……今日上见李鸿章，不过一刻，语极简。又独对，不与枢臣同见，可异也。巳初退。午正赴督办处，未正到署，晚饭后送李公，匆匆数语。见沈道密电，手抄一通。

初九日　晴朗，好天气，甚暖。照常入。见起二刻，书房一刻，无多事，遂早散。午赴督办处，痛切与诸公言之，意稍动矣。晚归焦愤，辽阳无信，盖电线已断。得吴清卿私电，贼于初八扑牛庄，魏李两军皆败，已飞电宋军来援云云，可危之至。……

三月初四日　午后微阴，夜晴。……到直房。李相电停战节目可交，特须限以期，限以界。

初五日　晴。……午后赴督办处，偕石农赴署，遇熙张两公。申正归，懒极闷极，不知台事如何也。刺痛在右胁，委顿不支。昨日王廉奏江西臬司翁某，俟经手事竣，即行起程北上。

初六日　早晴，午后又阴矣。寅初三刻到直房，尚未开门，而事已下，诃责茶房苏拉。无封奏，电报十一，内李相三件，皆一事也。停战节目止停奉直东三处，而台澎不停，可恨已极。见起二刻，书房一刻，再至直庐，见李相电旨稿语多未惬，与李公同词力争，删去数语于未惬也。秉笔者直欲以海疆拱手让人耳。可恨可恨！到馆小憩，不能寐，肝气串右胁，刺痛难忍。赴督办处，楚囚相对，意况不堪。……

初九日　晴。早间大雾，片时旋霁。礼邸未入。摺少，无封奏。是日李相电，和约十条，殆难就范。入对略陈梗概。退后约庆邸至直房，同看钞毕，两份呈递，时巳初二刻矣。邀高阳至馆略谈，胸中磊块，未易平也。……

廿日　晴风。数日无封奏，而电亦稀，惟李相频来电，皆议和要挟之款，不欲记，不忍记也！

31

廿二日 微阴热甚。……至莱山处，见李电，言廿三日巳刻画押，限廿日在烟台换约，来请示，答以今日未及进呈，明日请旨后再复，然巳刻不能到也。归后头痛发燥，似牛汁之弊也。讹言李相已卒，一切皆经方主政，秘不发丧，今电乃云亲至公所与伊藤晤面，似非虚饰也。……

廿四日 晴。有风。连日因台事与同官争论，入对时不免愤激，二刻下，书房一刻。再至直房，无所补救，退与高阳谈于方略馆，不觉涕泗横集也。午赴军务处，独与庆邸对，早归。张南浦来辞行，此老倔强，然亦无甚异人处。是日江苏抚放赵舒翘，贤者也。奎俊调陕抚。

廿五日 晴风，早犹凉，午后热。……得台湾门人俞应震、邱逢甲电，字字血泪，使我无面目立于人世矣！

廿九日 晴。有风稍寒，感冒头痛。勉强入。与庆王同见起，上以李鸿章覆电，言台湾事，不能与伊藤说，甚怒。又诘问昨日徐用仪见喀使，语如何？用仪奏喀希尼云：得本国电码多误，不能读。今电回国，但云辽东地不允倭占，请缓批准约章。又云：俄廷不食言。至问以如何办法，则无的实语。上遂命奕劻、孙毓汶、荣禄今日往见喀使，传感谢之意。并告以批不能过缓，即电俄要之音。又命发电旨，询许景澄亦以此节详告。论及台民死守，上曰台割则天下人心皆去，朕何以为天下主？孙毓汶以前敌屡败对，上诘责以赏罚不严，故至于此。诸臣唯唯引咎而已。伏觇皇上乾纲一振，气象聿新，窃喜又私自憾也。四刻退至书房，亦颇有论列，然事已难回矣。退而看电稿尚切，至巳正二散，小憩，梦魂颠倒。午赴督办处，李长丙君同坐。有部院奉天籍者六十人，具呈请督办处代奏，锋锐殊甚。拟明日商递。……

四月朔 ……午赴督办处。申正归。有湖商举人一百二十人，合词请改和约。致书于余，责备甚至。来者十四人，答以惶恐而已。邀李新甫诊脉处方，连日泻止，前药之力也。然止服二剂。

初二日 五更微雨，旋止，蒙蒙然阴。见起三刻。是日先召臣入养心殿，数语即退。军机见时，传懿旨，谓和战重大，两者皆有弊，不能断。令枢臣妥商一策以闻。……

初四日 竟日雨，午大风起，而云不开，顿寒凄其如深秋，亦奇事也。载泽封事请起召对五刻，张荫桓三刻，军机不过二刻。上以和约事，徘徊不能决，天颜憔悴。书斋所论大抵皆极为难，臣憾不能碎首以报。巳正散。午正访高阳于黄酒铺痛谈，相对欷歔。归后未决，如在沸釜中。江西举人涂朝弼来，递条陈，未见。彻夜小雨。

初六日　晴。有风稍暖矣。见起二刻，亦无所可否。命往恭亲王邸会商，令定和战之议。巳初退，小憩。即至黄酒馆同李公访恭王府，同人先后集。邸疾渐起，孙君以所拟宣示稿就正，邸以为是。宣示者俟批准后，告群臣之词也，大意已偏在和字。拟于后日强出销假矣。……

初八日　晴朗。申初雷，从西北来，甚震，雨一阵，旋过。恭邸力疾销假。晨入见北洋报，初四五天津大风雨。初五寅卯间，海啸。新河上下务营被冲，水深四五尺，淹毙甚多，计六十余营被其害，北自秦王岛，南至埕子口皆然。此时值此奇变，岂非天哉！见起三刻，上意幡然有批准之谕。臣对以二国若有电来，何以处之？上曰：须加数语于批后，为将来地步。于是战栗哽咽，承旨而退。书斋入传，君臣相顾挥涕，此何景象耶？退拟批与孙力争，午初散。

初十日　晴。有云气，稍暖矣。晚闻雷。晨入知孙徐晤施，施无言。傍晚施邀两公再往，则云接本国电，倭允让辽地，但未知所让多少，及让后须添费耳。许电语无甚要紧，但云俄主亦劝中国先批准，候再换。唐接电云：法有欲保护台澎意，其外部告庆常，须先立一约，庶法护为有据。余乃创议今日务请电旨：一、致许使，问辽地。二、致王使问台澎，机不可失也。邸不了了，两君者不谓然，遂以语侵之，卒如余议而罢。……

十二日　竟日欲雨不止。晨入，见许电，倭覆俄，以辽地分六段，五段暂押，一段旅顺不还，俄仍驳覆也。余创议乘此与日本照会，将换约展期。孙徐坚不可，至于攘袂。……

十三日　沉阴殊闷。上宿郊宫，卯正见起。余力言发电告日本，展期换约，与同列争论，声彻户外。又争于上前，乃定议退与莱山定，政府致彼信，词甚卑柔，同列尚多方诘难也。庆邸到直房商事，午初散。……莱山过余，告今日偕庆荣诣喀使馆，仍云无电来。……

十四日　五更晴。上于卯初还宫。是日徐君持德使绅珂函来，谓：不换约则德国即不能帮。余笑置之。已而，许景澄电至，谓旅顺亦肯还。至换约一节，俄外部云已经明告，则中国换约，大臣自能办理，固未尝催令换约也。而同人轰然谓各国均劝换，若不换则兵祸立至。而敬子斋特见恭邸，絮语刻余。恭邸亦为之动。余力争不回。见起则上亦催令即刻电伍廷

芳如期换约，因令庆王、孙、徐三人先退。余奏昨日俄使请已正见总署大臣，此当听其回信。三人者谓即赴俄馆，若俄使语与许电同，当即将电旨译发。若有违异，则再请旨，匆匆而去。退后忽思允让全辽，三国虽电告中国，中国未尝与日本定晤。设换帖后，各国瓜分此地！告恭邸，当以此节饬伍廷芳等备照会声明，邸不肯。退又致书莱山，不答。在督办处见邸，又力言之，乃肯作札，令总办回堂速办，亦未知总署肯发此电否也。覆水难收，聚铁铸错，穷天地不塞此恨矣。……

十七日 早晴。午后阴。……是日奉朱谕一道，饬六部六卿、翰詹科道至内阁恭阅。上以倭人肇衅，不得已讲和之故，宣示群臣。

闰五月初九日 五更微雨。午前沉阴。申正风起，晴。早间郁热，晚始凉。……饭后，李莼客先生来长谈。此君举世目为狂生，自余观之，盖策士也。

六月十六日 晴。午后雷，从西北来，雨湿地，薄暮晴矣。国子监引见一名附吏部。见起三刻。恭闻恩命，臣与李鸿藻均在总理各国事务衙门行走。即碰头谢讫，前此固尝一辞再辞，语已罄竭，无可说也。命麟书为大学士，管工部，昆冈以礼部尚书、协办大学士。命徐用仪退出军机处并总理衙门。命钱应溥在军机大臣上行走。书房三刻，再到直房递事散。小憩，饭。……

十七日 晓月朗，竟日晴，虽热而秋意萧然矣。照常入，钱君始入直，与款曲。比见起，而钱君气息甚弱，进退不自由，出殿，四人掖之，犹不能履，可怕也。……

廿六日 晴而有云气。热甚。早入，无事。卯初见起。卯正，上诣皇太后前行礼。辰初御乾清宫受贺，辰正入座听戏。余等见起后，仍还直房。……本朝不设教坊杂伎，其领于内务府者，曰升平署，皆中人也。乾隆时所制法曲，词臣等撰进，如张得天辈曾秉笔焉。嘉庆时，有苏扬人投身入内者，往往得厚赏。至道光时，一概屏绝，升平署遂封禁矣。咸丰季年，中官习戏者颇多，亦尝传民间戏班，在内供应。同治时，稍稍开禁，至光绪十七八年而大盛，闾巷歌讴，村社谐笑，亦编入曲，而各戏班排日承应。其教曲者，支月粮，赏顶戴，户部有籍可稽者数十人。其始廷臣听戏无外班，近年则专用外班，内官所演不过数出，典重吉祥，旧花样而已。即如此二日：一四喜，一同春，皆外班也。识此以见风气推移之速。

廿七日　晴朗，热而凉。……未初至总署，甲初三刻归。陈养源观察来见，德生同年之子也。香涛保出使，年四十六，举人。其弟名仲威，号容民者，耿介士，在合肥幕，不为所用。其人开展而气俗，肥浑而筋骨不相附。

七月初九日　晴。孝静成皇后忌辰，上还宫行礼。是日李鸿章到京请安，与枢臣同起。召见，上先慰问受伤愈否？旋诘责以身为重臣，两万万之款，从何筹措？台湾一省，送予外人，失民心，伤国体。词甚峻厉。鸿章亦引咎唯唯，即命先退。翰林院代递六十八人连衔摺劾李鸿章。又电一，有旨李鸿章留京入阁办事，王文韶授直隶总督、北洋大臣。无书房，到直房，巳初散。

初十日　晴。……午后，到督办处。归后，陈养源来长谈，此人通达，笔下好，可用。合肥今日谢摺用封，可笑也。

十九日　晴。仍风，早甚寒。此风一起，疫症扫除。晚忽雨数点，旋晴。早入，见起二刻，书房一刻，再到直房。巳初散，到方略馆酣卧，几不能兴。欲入署不果，归家饭，又憩片时。未初至总署，申初美国田贝来，欲派员入川查教案，今中国派员派兵护之，驳辩数百，语益横益肆，悻悻而去，噫！发电嘱杨大臣与彼外部理论。

廿五日　阴。……饭后赴督办处，两邸来，谈至申初二刻始散。伍廷芳来谈商务，吴承潞来长谈。

廿八日　或雷或雨或风，自卯至酉。晚晴。……申初法使施阿兰偕翻译罗图意米，则大驳大磨，阴险凶横，兼而有之。会哨。铁路。赫德。野山，筹边。马关条约。十刻始去。此番余语坚刚，彼所不乐也。来往照会甚繁，无一不棘手。发山东闽督电。

八月初六日　晴。早凉午暖。事下早，见起一刻余，无书房。是日上诣颐和园。散时未及辰初，出西长安门拜客，晤刘康侯观察，遂出顺治门拜客，归巳正矣。饭后得眠，看《通鉴》，袁慰亭、刘康侯来，皆晤之。办石路商人十二家，连名来求加成，怒斥之，然当时固尝许其津贴也。今福公病，责独在余。

十一日　晴。晨渐雨。入时早。是日发四川教案事。贵督李秉璋革职永不叙用。前日英使欧格讷与两邸争论，必欲如此办，且恐吓我，云多论

将入红格。于是庆邸口语渐松,余创论须川省奏到始下,于是有初九电催之事,而两邸急不能待,遽请如所请。余又持永不叙用四字,必应去,且此后内政,被人干预,何以为国!力陈于上前,而恭邸语游移,竟定如前。噫,败矣!愤懑不可支。……

十二日 晨阴,飘雨花。午前晴。……午后赴总署,合肥与林董开议,合肥来,西堂林董至,则诣前厅。余等不陪,但派章京记问答而已。未正,日国新使葛偕三人初次来见,寒暄一刻去。申初德使绅珂偕参赞某翻译科连士来,绅躁而横,先撼林教案,次衮州教士,又溜阳教案,喋喋数千言,杂以恐吓要挟,殊不堪矣。答语尚好,略驳去数事,十刻始去。发山东、广东来电,皆绅语也。……

廿九日 晴。早寒午热。见起二刻。书房一刻,巳初散。方略馆小憩。午正赴总署小坐,即至同文馆。是日季考前馆,前馆者大学生也。翻《新报》列坐如生童也。欧斐礼陪坐有顷。俄教习亦来,呼诸生前,以《新报》一条示之,令作洋语告教习,教习以洋文录其语,用华言告余,余以原条考其合否。凡试六人皆好,六人者,拟各奖二金。晤樵野以昨稿令酌,恭邸、李公皆以为然矣。申正归,许筠庵、李合肥先后来。那琴轩来回事。

九月初八日 晴。早寒午热。……未正赴总署,张、汪、敬三君皆来,而欧格讷忽至,必欲见余,余以为必大费力。比见,不过恬我西江开码头,余婉拒之,未及他语。深谈中国贫弱,他国有并吞之心,其言绝痛。余喟然而叹,知六合以外,此理同矣。……

九日 晴。两邸仍未入。见起三刻。未到书房。至直房拟旨数道。巳初散,径归小憩。午正赴总署,未初,晤英教士李提摩太,豪杰也,说客也。未正,见英铁路公司威德哩,朱迩典偕来,巨贾也。申初,晤和国克罗伯翻译。彬彬如也。申正归,张君未来。北人今日食羊肉,以应重阳之节,余乃屡接洋人,真三阳矣。

十四日 晨起见月,旋云起风作。卯初雨作洒洒然。余未携雨具,冒雨入殿庭,衣尽湿。恭邸今明皆不能入,见起一刻。无书房。无述。旨即传散,时未明也。……巳正,至户部。未初,到总署,恭邸、高阳及敬、汪、张皆集见欧格讷也。欧、华必乐、参赞代办馆差、朱迩典、戈颁于未正到，来一时许去。李提摩太先来见恭邸。寒甚，"风雨如晦，鸡鸣不已"，今日之事也。

十月初八日　晴。有风不冷。……略检玉舟携售之件，以宋刊《窦氏联珠集》为最；画幅以吴渔山横轴为最，然价重不可致也。

初九日　晴。暖甚。早晨尚寒。恭邸入直，卯初见起一刻余。递事讫，即至德昌门听起处坐。恭邸请见，传诣仪鸾殿。余等同大众，先至丰泽门外暖篷少坐。巳正，驾到，从丰泽园门入，即在廊中入座。自午初开戏，至酉初毕，凡三个时辰。戏单廿九刻中有节省也。乘舟出西苑门，车马纵横，抵家始曛黑。……

初十日　晴暖，无风。皇太后万寿节，寅正三刻见起，一刻退。卯初上还宫。少顷，皇太后驾诣寿皇殿拈香。余等递事后，即赴宫内直房待事，下换朝衣，至长信门外。辰初二刻，上率诸臣行庆贺礼。余等退至方略馆，更衣，仍趋入西苑，登舟至听起处祗候。辰正三刻，皇太后还西苑，即至丰泽园，恭亲王以下，凡听戏诸臣均于颐年殿三跪九叩，恭祝圣寿。入座时巳初一刻也。凡三十一刻，至酉初二刻散。……

十四日　晴。稍冷。……未初，到总署，美使田贝及其子田夏礼来。余先晤接，谈借款事，云可借一万万。并云惟我美国无擅利请益事。余答云：深信无它。彼似为动。须臾樵野来，田尚未拟章程，请我电询驻美使臣，斟酌行市。余曰：托田君复何疑，遂去。归，酉初，汤伯述从保定来饭而去。

十七日　晨晴，旋雾又作，终日蒙蒙。见起递摺毕。上宣谕吏部侍郎汪某、户部长某离间两宫，厥咎难逭，著革职永不叙用。臣等固请所言何事，而天怒不可回，但云此系宽典，后有人敢尔，当严谴也。三刻退，拟旨，未到书房。……

十一月初四日　晴。无风如昨。……未初，诣总署，偕樵野同赴日本馆。恭邸、敬吴两君先到，李相同余等到，在客厅饮茶。诣东板屋列长筵坐。余等南向，章京三人北向。罗丰禄及陶，或北向，或西向坐，进洋食十三种，酒数种。酒辣食腥，六刻起，邸先行，余与樵野与法使约议事，亦辞先散，见屏间有女乐持器欲出矣。早间闻今日演剧，余即令俞佑澜，告罗丰禄，偕往日馆致意，今日斋戒，如演剧，不能坐也。俞等覆称：

"有小戏，大人如不看，当在别座落吃饭，饭毕先散可也。"惟李相吴君及章京未散，不知如何耳。与法使施阿兰论中日新约图，直告以英执江场之说来问难。施沈吟久云：英所争者猛艮也。此我两国事，与中无与。今请先立乌界，而南边暂缓，候英法议定，再立何如？余曰甚是。即借铅笔书一纸，令翻译谆复诵之。议遂决。归，日暮矣。琴轩来。

十五日 晴朗。……至方略馆。老冯来，以三金得冬心花卉十二开，可喜也。午赴总署。吴蕙吟又谈，美国易孟志借款。合五厘五毫，似较俄款便宜。拟日内访田贝，令伊作保。归后丁叔衡来。见石田、虞山古桧卷，致佳。山舟钟馗诗册，亦可。王二痴山水册，合作也。

十二月十一日 微阴，午有风。夜有月。……是日同文馆考该馆学生，并算学化学格致学医学，交卷较早，申正毕。仍陪教习饭，蕙吟未到。受卷毕，即归。卷封致堂上，后日再定。灯后琴轩来回事。

光绪二十四年岁次戊戌正月初三日 晴暖。……未初到总署，两邸诸公毕至。俄使巴百罗福来，称奉国电，借款若中国不借俄而借英，伊国必问罪，致大为难之事。又极言英款万不可借，将以埃及待中国矣。辩论一时之久，而英使窦纳乐来，恭邸先往晤之，余与庆邸、荣、敬、崇、廖勉支巴使退。适窦语亦横，大略谓中国自主，何以不敢以一语诘俄，英何害于俄，而俄必阻止耶？且法国何与也。盖合肥专以俄毁英之语激动之故。致此咆哮也，亦勉支而去。噫。殆矣！传康有为到署，高谈时局，以变法为主。立制度局，新政局，练民兵，开铁路，广借洋债数大端，狂甚。灯后归，愤甚惫甚。钦天监奏日食，占曰多疾病。

初五日 晴。晚微阴，暖。……饭后得合肥钞吴王电，谓若不借俄，则伊与户部代中国出力之处，前功尽弃，再缓数日即迟矣云云。合肥颇急，令璞科第电征德商半借。又请速发许电，令赴俄京，至如何拒英则并无一字也。……

初六日 大风，晴冷。恭邸人，……恭邸与总署诸人会商借款，定各借五千万，即电许使，令驰往俄都，归少憩。已正到户部，先诣土地祠拈香。各堂皆集一揖，各司上堂一揖，未正归。李相来晤，云海靖欲往庙面谈，拒之。约令明日两点半到署，邀余与樵野往晤。晚饭后到总署，天黑归。借款不过姑妄言之耳，忧未艾也。海靖驳。明发不如其请索赔补，又即墨杀一德兵，限拿。又胶路取道沂州及运河，又胶路及开矿即开办，又山东不许中国办干路，皆难事。兵不撤，似已添兵到胶也。

初八日　晴。风止犹寒。……未初至总署，仪公以喉疾不能来。樵野、子斋及余，款接海靖。海靖所指摘四端，所索者两事，余一一驳之，词气甚壮。彼虽未屈，余始终未应也。晚去。

初九日　晴暖，无风。……未初三到总署，窦使来，谈借款极为难，乃以方便法与语，谓当解我两国之结，或并借，或并不借，盖以不借二字探之也。窦尚无怼语，但嘱斟酌，请王爷十一、二日见之。初到时则言如借俄不借英，则有三大端要挟：一、轮船任便入内河，二、占舟山，三、南宁。晚散，发许电，亦以不借婉商俄外部。

十一日　晴暖，无风。早入摺多。是日吏部议李秉衡处分，摺上，恭邸与余拟暂留一二日始下，因海使要挟过多，恐得步进步也。上意不然，极言李某全不以迭次谕旨为意，致有此变，勉予降二级调用，余官皆照议。申言教士万里远来，当加体恤，并教堂三处，住房七处，如再有事，惟地方官是问。可谓具足无遗。昨夕海靖照会坚称谕旨不符，因专索沂州一路，推论及余种种与之为难，候李中堂病痊再商云云。余于召对时奏之，上意仍欲派臣往彼馆论说。臣言此举无益，乃罢。……

十三日　微阴，有雪意，稍凉。……晚访合肥，因海靖不来，而要总署大臣往，余不可去，合肥亦以为然。到总署，同官无一人。答日使雉野，本不见，而马差误传因见之长谈。力言偿款展缓，电商政府必尽力。纵谈国政，则以变法、择人、翻书为要领。戌初归。

廿四日　晴。晚微阴，犹无雪意。……饭后至户部，敬、张、徐、溥皆到，商量股票式，樵野必欲照俄式，令日本造之。傍晚始归。散直后在西苑门外奉宸苑处所，公议德事。总署诸公皆集，庆邸未到。邸意只得应允，而电吕使。此外不他求，嗣后无枝节，且办了即撤兵，方允云云。群公皆无说，唯唯而已。余亦群公之一，愧愤兼集。是日以《日本志》两部进呈。

二月初二日　晴。无风，而寒雪未销。……饭后访李相，归坐片刻。午正，督办处未到矣。恭邸来，庆邸仲华亦集，商量议胡燏棻练兵摺，发电询各省勇营实数。申初到总署，海靖照会姚协赞前在兖沂道任，主使乡

民，与安主教不洽。今复任是缺，是有意欺压德国，请亟调任，而保彭虞孙升任。限四十八点钟照覆，否则电本国用力自办云云。可恶已极！拟照会驳之。李、张仍缓其词，令廙道今晚持往。

初六日　晴。无风而寒。是日看早事及拟旨，皆有讹字，精神不贯。天明复见起，辰正二散。都虞口喧聒，仅睡一刻起饭。午初赴署，商股票，六堂毕集，定章处，定票式，定印式。以纸张询上海道，发电。回看内仓屋，樵野无异词，樵本欲占太医院衙署，余力驳之。冬裘尚觉寒切，盖气体之衰。

初七日　沉阴惨淡，晓尚寒，午略暖矣。见起二刻余，巳正方退。户部奏议，准景祺奏收铺屋捐及洋土药牙帖。依议。此剥削闾阎之政，极可愧叹！径归倦卧。那琴轩来。阎成叔来，自文介殁后，成叔来京，卒未一见，今将作吏山西矣，一见为之陨涕。未初赴总署，海靖来。李张二公见之，大约可合龙。山东全省铁路先尽德商购估，不能作德国独有之利益。此句添。此外已允者皆铁案矣。早间樵野见起时，以汇丰借款合同稿见示，议竟成矣。……

十一日　晴。风又大作，仍大寒不可支。廖公辞免摺下，命同军机入见，面谕毋许固辞，遂拜命。见起三刻，巳初散。都虞司睡四刻起，访孙驾航，坐四刻始见。亟赴总署，十人咸集。未正，巴使偕博百福来，专言旅大租地，及造支路达黄海两事。以为其君决定要办，限五日照覆。恭语塞，庆稍申，余皆默。余因其讥刺德事，直揭其坐视不助，彼遁辞支吾，申正三去。发许使电令暂留，拟国电致俄君，另办法示许使，另电杨使，俟许到，再译致俄外部，曛黑归。西江覆电言：天主教与福音教互斗。

十二日　竟日阴。晨有风即极寒，风止稍和。闻昌平以北大雪也。……荫昌云：海靖仍未允条约中数句，英使照会谓不可使山东利益为德国独占。

十三日　晨霏雪花，午后晴。上还宫阅祝版，卯正见起，二刻退。……午初出城，晤鹿芝轩制军，谈良久；又晤庞绚堂兄弟，又晤沈子培，与深谈。归过论古斋一看，归日旰矣。不知今日英义两使同来是何事，大抵为山西铁路也。祝京兆行书，青莲花经三卷，尚佳。

十四日　欲雪不雪。张汝梅报效银十万，命归入股票，又请洛阳为陪都摺片皆未发。见起五刻。是日海靖请晤恭亲王画押,于是王请派画押大臣,以李鸿章、臣龢充之,臣辞不获,遂承诏往。退时巳初。都虞司小息,起,饭,写江西上海信。午访樵野。赴总署。未正,诸公咸集,惟庆邸未至,海挟三人来,余未与一语,彼携洋文,我写华文,仓猝所办,非夙约也。荫昌与福兰格互对十刻始毕,遂画押,凡四份,盖印钉本毕乃去,酉初矣。以山东全省利权形势,拱手让之腥膻,负罪千古矣!……

十六日 晨晴而寒,午后又阴……赴总署。申初,英窦使来,先谈皆琐事,后岳州口岸欲改,后及旅大事,谓各口尽被外人所占,此即割裂也。谈至此,余腹痛。出坐至后厅与樵公谈。日向暮遂归。……

十九日 晴。有云,无风,仍寒。户部带坐粮厅九人。见起二刻,恭邸小恙,仍入。辰正三散。方略馆卧,饭后入署,张公在库收广东银元尚好,无搀杂。归饭,赴总署。法使照会江西教案,以为乱民情重,非两教互斗。庆电言:外部饬吕班照俄英索利益,可恨也。……

二十日 阴。午后飞雪花,凄凄而寒。……赴总署,巴使来大闹,谓旅大租地,开通铁路,断不能改,已奉训条。在此议论,限一日覆,至缓两日。与言专使在彼,何得限日,竟拂衣而去。……

廿一日 晴。无风,略和。……未初,赴总署,法使吕班来,以四端利益要挟。以为奉本国训条如此,语宽而貌为和平。庆邸空言敷衍之而去。晚与仪公、廖君斟酌覆巴使照会。……

廿三日 阴。晚天黄可怕,风在上也。……午访樵野示以仪电,伊以为然,用密码发。赴总署,庆邸、仪公、许、廖、敬、崇皆集。仪电,庆以为然。庆意揭破日本,先有不准他人占租之约,若允租,彼必与我为难,莫若随时许准,无租界之名,有停泊之实,遂再发电。义使来,诸公晤之,言山西铁路借款,未奏而先立合同,胡抚此举甚谬。

三月朔 阴寒。照昨时到直房。庆邸来谈,稍闻昨日入见语,然实无措置,今日李张起,上亦不能断也。见起三刻。衡量时局,诸臣皆挥涕,是何气象,负罪深矣!退时庆、李、张邀谈,大约除允行外,别无法。至英日法同时将起,更无法也。杨虞裳来,欲乘此时告俄联德法中四国密约,以戢他国贪谋,其言切挚,未敢信为可行,舍此又何策耶。连日不眠,昼寝亦不安枕。……

初二日　雪止仍阴，颇寒。樵野有起，四刻始退。余等见起三刻，历陈现在危迫情形，请作各海口已失想，庶几策厉，力图自立，旅大事无可回矣。上云璇闻忧劳之深，转未将此事论及，则蕴结可知矣。派李鸿章、张荫桓画押，命臣传知，并命催奕劻入城，毋庸随驾。述旨后已正散，退至寓所食。午初二刻行，未正抵家少坐。赴总署，申初巴布罗福偕博柏福来，庆邸、李、张、许、廖、崇及余晤之。先辨旅顺不许，继办铁路不许，惟删"附近地方"四字，加"不得有督抚名目"一句，偿还船坞兵房等费，至金州坚持不得入租界，伊允电商，余概不允。……

初三日　晴暖。午大风，却不寒。……未正赴总署。申初，巴使来，续议旅大约，已允者"铁案"，其余亦颇商改。惟铁路一条，忽变为沿海至营口，余指图大争。巴竟谓若大连不能通，则另觅海岸作通商口，余遂大驳，谓尔临时所改，我照华文一字不改。巴词穷，认笔误，仍以发电谓中国因数字不符，不肯画押，因而决裂。余笑应之曰：任尔诬罔，我不任咎。惟时英使在东厅，合肥、廖公昭之。巴有所闻，故改前说，知英之必来阻挠，预埋不开大连商埠之根也。此一事直持至戌初，合肥还座，倦容可掬。竟允其加沿海二字而罢。从此画押之期不改，各国蜂起矣，如何如何！发许电，窦使昌言谓大连开埠甚是，旅顺屯兵关系东方商务大局，英已电驻俄使，向俄外部力争矣。询以争不能得奈何，则曰惟看中国如何措置，平各国之气耳。明日法使约到署晤面。……

初四日　又沈阴惨淡，人心即天心也。……赴总署。庆邸来，诸公皆集，余发先开各口，先许各国屯船处所，然后定一大和会之约，务使不占中国之地，不侵中国之权，共保东方大局，庶几开心见诚，一洗各国之疑，诸公皆不谓然。法吕使来，四端利益，伊欲庆大臣与彼外部商办。江西电云，羊城教案首府奏可商结。小山私电云：万二千与李教士商妥。梁震东来见，嘱告英使暗助。

十九日　晴。大风……晨看巴使照会，谓金州开炮，彼水师提督，已勒二十四点钟，令我撤退，彼将进占。亟饬章京驰回告李相，向巴阻止，一面电许、电伊、电金州，入见时备陈其事。……

廿三日　晴。命将康摺并书及前两摺并俄彼得变政记皆呈慈览。

廿八日　晴。午后晚小雨。……见总署送许杨电，俄借口金州开枪，定欲占金城云云。不觉气咽，恨不死也！麟芝庵病益重，恐不救矣。夜雨有声。

闰月初八日 一夜风，微阴而躁。……是日安徽藩司于荫霖陈时政，谓宜速用公正大臣，举徐桐、崇绮、边宝泉、陶模、张之洞、陈宝箴，挽回国是。而痛斥李鸿章、臣龢、张荫桓误国无状，并谓臣之先人廉正传四海，而臣不肖如此，其词严厉。臣惟引咎，且谓于某知臣之心不敢辨也。此摺留中，所以笔于私记者，著余之罪，用以自励也。……

廿四日 晴。晚风一阵，旋止，此旱象也。……德亲王西利昨日两点钟到马家铺，庆王、李相、张公、敬崇两公，皆迎于火车栈头，入篷小坐，备绿轿黄绊，及从者皆车轿。庆王等皆送至德国使馆，时酉初也。海靖于该亲王进见东朝时，仍请赐坐，庆邸拒之。入夜廧昌问福兰格，则云彼王有屈从口气。余等见赴时备陈之。……

四月初七日 晴。无风。外摺少。……上命臣索康有为所进书，令再写一分递进。臣对与康不往来，上问何也？对以此人居心叵测。曰前此何以不说？对：臣近见其《孔子改制考》知之。是日户部值日，奏昭信股票，京中得七十四万，各省七百余万。……

初八日 晴。颇忧旱象。……上又问康书，臣对如昨。上发怒诘责，臣对传总署令进。上不允，必欲臣诣张荫桓传知。臣曰：张某日日进见，何不面谕。上仍不允。退乃传知张君，张正在园寓也。

初十日 早阴。午有风，晴矣。见起三刻，语多。王劲余与张荫桓朋谋纳贿也。薰莸同器，泾渭杂流。元规污人，能无嗟诧。……

廿三日 晴朗。热。……是日上奉□□□慈谕，以前日御史杨深秀、学士徐致靖言国是未定，良是。今宜专讲西学，明白宣示等因。并御书某某官应准入学，圣意坚定。臣对西法不可不讲，圣贤义理之学尤不可忘。退拟旨一道，又饬各省督抚保德才，不论官职大小。……

廿四日 晴。巳刻大风起，尘土蔽天。……是日见起，上欲于宫中见外使，臣以为不可，颇被诘责。又以张荫桓被劾，疑臣与彼有隙，欲臣推重力保之，臣据理力陈，不敢阿附也。语特长，不悉记。……

廿七日 丑初，微雨，既而潺潺，喜而不寐。今日生朝，晨起向空叩头。入看摺，治事如常。起下，中官传翁某勿入，同人入，余独坐看雨，

检点官事五匣交苏拉英海。一时许，同人退，恭读朱谕："协办大学士翁同龢近来办事，多不允协，以致众论不服，屡经有人参奏，且每于召对时，谘询事件，任意可否，喜怒见于词色，渐露揽权狂悖情状，断难胜枢机之任，本应察明究办，予以重惩，姑念其毓庆宫行走有年，不忍遽加严谴，翁同龢着即开缺回籍，以示保全，钦此！"臣感激涕零，自省罪状如此，而圣恩矜全，所谓生死而肉白骨也。随即趋出，至公所小憩，同人退甚迟。除授亦甚夥也。……

五月朔 晴热。晨拜祠堂。题许玉林年丈《寒林平远卷》、廖仲山《嵩云揽辔图》、何润夫《秋夜检诗图》、志伯愚仲鲁《同听秋声图》，颇忙。同乡李玉舟、庞䌷堂、杨莘伯、庞劭庵同来剧谈而去。仆辈检书画两箧，书籍尚未整理也。车候鹿卿未至，颇盼切。子良来，许筠庵来，皆未见。

端五日 晴。昨夜竟无雨，惟雷声隐隐在远处。申刻云阴沈而露日。晨叩祠堂，午率子姓上祭，瞻拜凄怆。无客，略检书札，沪客携沈仲复旧藏碑帖来售，所称《千金帖》者，迥非真物。汉碑数种有佳者，《百石卒史孔季将》最佳，《史晨》《前后礼器》，抑其次也。《天发神谶》《瘗鹤》亦可观。徐小云送文衡山画卷、罗源汉写经。

孙家鼐以吏部尚书、协办大学士。王文韶户部尚书，军机大臣、总署大臣。荣禄直隶总督、北洋大臣。崇礼步军统领。改制义为策论，自下科始。学政考试皆改。

初七日 晴。热甚。检上房书画。言酉山自马家埠来问行期，告以十三日早。并询火车情形，言系铁路火车局总胡府尹令其来，且欲以专车送我也，留面而去。端午桥赠行。以士礼居所藏元人词曲旧本两种、大佛造像二尊为赠，收其词曲，佛璧还。

初八日 晴。极热。早起检上房字画，饭后又检后厅字画。黄仲弢、张季直来：留面长谈。樵野来告：初六日与军机同见，上以胡孚宸参摺示之，摺仍斥得贿二百六十万，与余平分。蒙温谕竭力当差。又云：是日军机见东朝起，极严责以为当办，廖公力求始罢。又云：先传英年将张某围拿，既而无事，皆初六日事也。余漫听漫应之而已。……

初十日 晴。王夔石来，崇受之来。夔石耳微聋，面亦瘦；受之送席，意甚长。晚张樵野来。躁热，表至九十三度。申刻雷雨五寸余，为今年第一次快雨，晚止。……

十三日　晴朗。旋微阴。寅初起盥洗，告辞祠堂，并北向叩头。寅正一刻乘轿，出前门永定门，回首瓜棱，能无依想。六刻抵马家堡。言酉山、朱闰生先在。门人送者庚辰黄绍箕、于式枚、庞劬庵、丁象震、何乃莹、杨福臻；壬辰谭启瑞、刘燕翼、刘福姚；乙酉张謇，朝殿刘树屏等约四五十人，此不过就所记者言之耳。……

十六日　海日照耀，西望诸山蜿蜒，此行不泊烟台，故路出成山以外，鼓轮不急，意下有礁耳。无风，波平。辰正，过威海卫，隐隐见英兵船，闻演炮声也。噫，伤心极矣！蒯礼卿、王君承洛皆同船来过，礼卿以练兵须更番、学堂须由小学堂起二事，慷慨论之，极透切。已正过成山，折而西南，趋风渐起，舟微动，仆人偃卧。余与缉夫剧谈，唯饱闷不能食。戌正就睡，波涛澎湃，魂梦怵惕，凡数起。倚窗而望，胆怯如此，可鄙叹也。

十八日　晴。热极。晓起客已集，曾卓如从湖北来，王新之来，郑陶斋，副将邹理堂来，上海道蔡和甫钧来，花衣，上海县王承喧来。余客未见。脱身乘马车赴盛杏生招于谢家桥之闲屋。顾缉庭、吴清卿、龙门山长、邵小村与余凡五人，畅叙欢甚。未正散，即入舟，舟在老闸大王庙，道县及盛、顾并诸门人来送。舟中无客坐，皆未见。蔡道馈酒食，余偕本家印若、侄孙寿祺乘马车径赴徐园饮茶，已丑年所频游也。树石尚幽，盘桓良久，以避舟中炎燠。又过印若所开之寄观阁古玩铺。再入舟，两房侄孙妇率诸小儿来拜见，大者十五，小者怀抱，皆壮实可喜。内有名三多者，眉宇尚秀。鹿侄寅臣随行，缉夫留沪，以两小轮带三舟。日落时开行，彻夜未停。热甚，敞船窗，露坐竟夕。

七月十九日　晴。……晨入城，至城隍庙饮茶。出城至寄观阁，印若回苏州，遂至丛古斋，其伙管姓，尝至京一见识余。忽见仲复所藏项氏《千金阁帖》，问价曰五百金，如逢故人也。到新马路寅臣寓，缉夫亦来同饭，食黄鱼甚美。午到酱园弄缉夫寓，见二侄妇，瘦甚，老景矣。稚子皆读书，特未审资性如何。回船小憩，张炳华来，改乘马车游棋盘街书铺，于江左书林见元本《通鉴纪事本末》批点本，尚佳。再至丛古斋，遇一人

曰：金吉石亦此间画史，而贩古物者也。至寅臣寓夜饭。……

十月十八日　黎明到上海，辰正泊叉袋角，为避喧也。景子上岸住寅丞处，余留舟中。晚寅丞偕景子来，闻新裕今日寅初始开，廿一早可到。午后小雨，晚打篷有声……

十九日　雨止，风甚大，寒甚。坐马车送景子，因于市楼吃面。归船，缉夫来谈良久。申正风止，稍回暖……

廿三日　晴。五更至昆山，解缆摇橹，黎明已过城数里，巴澄湖水浅滩露，非从前光景矣。……

廿四日　晴。巳初，赴西山先谒墓，后看工。饭罢归，酉初抵家。鹿侄、景子以新闻报传廿一日严旨：臣种种罪状，革职永不叙用，并交地方官严加管束，不准滋生事端等因，伏读感涕而已。

廿七日　阴。吴儒卿来。茂如来。午茂如又偕嘉定徐旭东来。旭东者，廖仲山所荐，云于地理甚深也。旭东年六十七，左足微跛，自称东海散人。……

廿九日　微雨。本约旭东赴西山，已具舟，而旭无暇中止。茂如来，屈荫堂来未见。费屺怀之夫人来，颂阁之女也。午后大风起，顿寒仍阴。

十一月朔　晴。风不止，寒甚。竟日无客。以书画两箧，交宽斋，令其售去。惟先人遗书当敬守，以八箧送彩衣堂，又日记等两匣及二支室杂件一箧，交陈湘渔收之。写江西信。写扇赠旭东。

初七日　晴。仍暖。先公忌日设奠，景子来行礼，悲可知矣。茹素竟日。吴沧石自苏来，未见。沧石者江苏县令，曩于京师识之。近以篆刻图章见贻，送伊肴馔，致函郢亭，慰其火灾。以四箧送屺怀，并以张碑还之。屺怀送捣樟叶十捆，看江西讣样，另刊一分也。

十二月初三日　晴。晨极寒，午后和，有云。晚开朗。是日移居西山新屋，乘舟襥被而往，谒墓敬告。默念罪戾之身，犹得长依邱垄，其大造之仁，感激无已。……

己亥正月初一日　晨起敬告上天，遥叩二圣，偕筱山谒墓。归而纵谈。微雨作，风止矣。晚见日暄和，登楼一眺。

初二日　阴，微雨。午后晴，风大，寒甚。晚偕筱侄乘舟诣湖桥，摩挲桥碣，至桥东看历次所看十亩地，其东北为人筑屋一区矣。山人以竹四竿来种之。欤甚。

初四日 先晴后阴。……作一词谢茂如送花。调甥以吾邑钱孝子死父事卷见示，有钱庵公题诗。题咏甚多，而事实不详。征词者，辰飞之子惠中也。夜小雪。

初七日 早霞旋阴。谚云初五得雨，地不露白，言多雨也。

初十日 晴暖。晨赴西山谒墓，梅花未发，归已向暮。桂君亦至西山，停舆在门，余竟未见，良久始去，意甚愧之。得筱侄舟次函，屋事不成，将赴沪矣。并得斌函，又郘亭函。见渔洋手录《续蚕尾集》二册，致佳。发沪信。

十一日 竟日雨。书数语于渔洋册，即还之。桂君又来，仍辞之。坐雨闷甚，彻夜潺潺。

十三日 无雨而阴。一露日光，晚复阴晦。……邀人小饮以抒闷，严心田、屈荫堂、两俞甥、叶茂如皆去年办平粜者也。添一潘幼南，屡来未见，将往镇江。屈携石田画长卷，佳。市人以马骕画《萱竹图》，有宋金华题。惜残破。

上元日 早晴晚阴。晨起诣彩衣堂，见筱侄斌孙，孙憔悴已甚，幸无病耳。家事不能谈，景子亦在彼。午归，看印若托售碑板书画数件，最妙者金寿门藏《礼器碑》，及唐六如画轴也。贫婆岂能办此，聊尔慰目。昨借次公明拓半截碑，亦佳。观唐画，悟其笔意从夏云得来，此余独见也。夜祀灶，无月。

廿五日 晨雾，旋雨，入夜淋浪，东望怅然。……昨梦分校诗题，舒文广国华。余拟作，又非此题。首四句云：闻道中秋月，寒光分外明。如何三五夜，犹未十分清。见堂匾大隶书"邦人市义"，甚奇。

二月初六日 晴朗。叕来，景子亦来。叕看中圣巷管氏屋，云尚好。晚访菉侄，看旧藏《礼器碑》，贴二百元易沈均初藏本，交叕与印若成之。龚生伯新以所藏周芝台虞庙堂、张叔未八关斋，并旧拓颜书东方画像赞三种见示，皆尤物也。亦交叕带还之。发沪信。

初八日 晴朗，甚暖，无风。景子来。屺怀自苏来投一刺，期晚来过。而张季直自通州来访，长谈抵夜，留饭而去。约明日游山，而屺怀竟未至。发沪信。

初九日　晴暖。东风甚大。巳初，季直来，同出北门至兴福饭，因访屺怀于联珠洞费氏丙舍。遂偕诣三峰，访药龛不值。余于大殿庑下，见两小砖，刻佛像，隐隐有字，当徐访之。在彼点心。薄暮，入城，两君同来夜饭，谈至亥正二刻始散，倦极矣。屺怀以旧拓《张迁》见示。季直荐一风水师，现任巴澄镇巡检周锷。又论书语甚多，谓陶心耘用卷笔非法，极服膺蝯叟直起直落。不平不能拙，不拙不能涩。石庵折笔在字里，蝯叟折笔在字外。

廿六日　雨止，风不定，沉阴奇寒。虽乡民亦诧为向来所无也。看《庄子》，有闯然入吾户者，自云中巷姓王，隔窗揖退之。阿全以红绿梅花五十九棵，来种于南二亩中，亲督之。南二亩者，前廿六年所购，凡八十余元。本欲凿池，东首王坟来恳中止，交坟丁周三大种，从未收租。今收回此地，另给三大廿元，使租他处地种之。仆人回城取棉衣。连日吃菜糊涂，未吃饭，欲追海州学舍风味。

廿八日　阴。露日仍寒。……是日未初有白气，自西至东，长竟天，两时始隐。菉亲见之。春寒如此，幸未雪，否则菜麦受病矣。北山菜花多于西麓，弥野皆黄金，得大解，耳鸣稍减。

廿九日　晴暖，无风，好天气。彭叔才、季良兄弟来，便饭而去。沈颂棠自鄂归来访，余昼寝未晤。菉侄见之，云无病，买鱼放小池中。晚，坐椅至小石洞饮茶，遇许姓。极言山北农民苦状：耿泾已塞，福山塘又渐浅，九浰一带，专恃支塘也。西门外，蒋、钱坟之间，忽掘得黑米，中外纯黑。近日无锡喧传，今此地亦有。二彭君及周根俱包少许来，甚诧！王君之春曾以鄂中所出土者见寄。云治病，不记何病矣！

三月三日　晨细雨蒙蒙，晚甚。檐溜潺然，静无一事。与菉侄闲话竟日。湖中烟景绝妙，今日祖师山烧香人被雨矣，江阴来者尤多，中夜大雨大风。

初四日　风雨稍止，然滴沥萧条，迨暮不已。农夫言菜麦受病，意颇忧之。山水自东南下者奔注外池，由涵洞入内池，须臾即满。此山独出云气，东望则无。习隶外，看蒙庄及蝯叟诗。

初五日　天明时犹阴，旋雾朗暄和矣。小园花木欣欣，畅人怀抱。城中洋货店伙来，上船式房玻璃。菉卿买鸣鸟两翼，其一则桐花凤也。次么送芙蓉，栽甘枝，秉烛莳之。

初八日　密云不雨。种蕉与葵，数登小楼指麾木榻。雨后泥滑，未谒墓。饭后乘舟归。俗事殷烦，景子发热欲呕，延蒋医。……《新闻报》等每不喜阅，然如意索沙门，德入沂州，阅之愤惋，不能食。

十一日　雨，晚上，露日。借渔洋手书《蚕尾集》看。茂如偕无锡高云龙来。此人与苏州尤鼎甫熟。尤荐诸叶，叶以属我也。……

十二日　晴暖。甚懒散，略写字，无客。本欲至学前，先过高君，为茂如留饭，与高谈至亥正。其人乡气，持论侃侃。新闻报孙莱山递遗疏矣，为之于邑！次公倾跌伤鼻。

十六日　晴。昨得美睡，今晨爽健，乘舟观渔戢湖，而南入一港曰西钱花桥，数十家烧瓦窑。买鱼归，放小池中。登楼看山，读《庄子》二篇。卖花人阿全送法华牡丹十四棵，种之，孅不可支。……

四月十九日　晨微雨，午晴。辰正赴西山，甫至，而有乘轩来者，许生贞干自苏过访也。生十龄入学，壬辰朝考高等，竟分部，遂就外，曾注《八家四六文》。山居欲留一饭不得，以虫蚀残饼啖之。一时许去，云即解维也。……

二十日　沉阴。大风颇寒。……仆人姚锁、俞铁随笏南来，以面油北物献。徐生乃昌号积余，通州花布捐总，寄幛却之。

廿一日　晨微雨，沉阴欲雨。傍晚晴，甚凉，可两绵。……笏带来北物十二匣，如意酒八瓶，同邑诸子为余寿者也。茂如送盆景，受石菖蒲两小盆。门人王咏霓寄其诗集及自制墨。袁爽秋寄鹿茸官燕。钱子密寄缎幛，其手书于其家被火，未著一字。作王仲蕃函，并和其示长葛士民诗，盖已历半年矣。拟托茂如携京，由同仁堂寄。

廿二日　晴，风。晨闻汪费二君至，亟诣西山待之。饬庖治八簋。未正，柳门来，屺怀腹疾未至。曾孟朴亦至，同饭而去。买一鹅，姚锁自北携五鸭，同蓄于池。去恶竹，芟丰草，新笋九十株乃秀出矣。

廿四日　沉阴望雨，秧畦三寸许，大麦收，小麦亦熟矣。……

廿七日　同龢生朝，敬叩头墓下，七十之年，依松楸以老，真天幸，亦天恩也。晨泛舟东行，过城不入。由黄泾历八字桥，折而西，至唐市镇，烟户盈千，大镇也。访张仁卿不值，其侄念修亦他出。陟一桥，甚

49

高。其南文星阁在水中央,遂返棹。顺风张半篷,南门外小住。日落归鸪庐,悄无一人。

廿八日　晴。倦甚。宴起浇花,呼舆至小石洞。归食新米饭,所谓谷里新者也。再舂之,一斗得九升。……

廿九日　晴。斌来同诣彩衣。顾皞民自苏来祝,待余久矣。在筱侄处饭,皞民持示怀素千文卷。

五月初二日　晴,热。泛舟至西山庐,斌以舆往,约安徽张太史看地,治具以待,而以疾辞,傍晚回城,与菉侄谈,蚊雷殷庭。

十三日　晨阴湿蒸。午后雷隐隐,云气四合。申正三刻,雨至,震电殷地,倾盆满谷。薄暮始止,犹廉纤,农夫欢忭,余亦畅然!……

十六　自晓至午小雨,晚阴。晨诣山,水长二尺余,几平堤,农夫插秧,睹沾涂之苦,为之慨叹!……

十八日　竟日雨。午前大雨二次,农夫患雨多矣。晚大东南风,犹浙沥,凉。……

廿一日　阴。微雨二次。遣姚仆入城取衣,得笏十八日函。农谚:分龙后一日,雨主丰,虹主旱。今日小雨而虹见,将何从。与农夫谈,闻去年舒家桥张氏殴毙佃户,致毁屋事。

六月初四日　晴。晨起挂画。饭罢而儒钦挈其孙泛舟来,笔谈酣适。彼云:本朝名臣名儒名僧间出,而独无仙人。此语解颐。自巳抵酉乃去,八十三老人精神如此。……

九月朔　晴朗暄和。晨张炳华自沪来,带书一箱来,多佳本,检阅甚劳。又金冬心画册十二幅,殆绝诣矣。又借得祝少英《张迁碑》"东里润色"四字全,较巴本有胜,苏斋本更不逮也。以校旧刊《鲍参军集》付金门。次公送蒋伯生《怀知图》及钱松壶画册、顾若波画二本,嘱余题跋。郑敬南以所藏《郙阁颂》《史晨后碑》及唐刻数种来,无足观。是日墨缘并集,亦乐事也。……夜不寐,翻阅劳神也。

二十日　晴。晨极寒,可皮衣。写楹帖数件,得恽松云方伯函,并羊毫四匣、铜炉二枚、新茶四瓶、金蹄十肘,专使沈仆面见之。午后入舟,诣瓶隐庐,秋色绚烂,稻半收获矣!购得《孔彪碑》,答恽信。持蟹对菊,逸兴遄飞,十余年未尝此味矣。左车坚固,尚堪大嚼。是日子正霜降节。

十一月廿一日 沈阴甚寒。新闻报纪十八日谕旨：严拿康、梁二逆，并及康逆乃翁同龢极荐，有"其才百倍于臣"之语，伏读悚惕。窃念康逆进身之日，已微臣去国之后，且屡陈此人居心叵测，臣不敢与往来。上索其书至再至三，卒传旨由张荫桓转索，送至军机处，同撩公封递上，不知书中所言何如也。厥后臣若在列，必不任此逆猖狂至此，而转因此获罪，惟有自艾而已。……

廿四日 西风露日，午转东风，复浓阴。无客来，写大字。看孙北海《畿辅人物略》手稿，余旧藏也。

十二月初九日 晴。……是日《申报》又有妄论。

初十日 晨晴。午阴欲雪，夜月。饭后入舟。返西山，尚有积雪，花木皆欣欣。始近书卷，仍画扇头。

十一日 晴。午后无纤云，颇畅适。竟日作画。至墓叩头，此番之雪有五寸余，闻杭州乃三尺。

廿二日 放晴。夜见星，稍暖。访吴儒卿坐谈。贫困而议论和平。贾人持岳武穆名印，方寸五分，精，铁錾金银文，岳某之章，篆法森然，见之生敬。又倪鸿宝家书六叶，黄石斋跋，皆索重价。……

廿三日 阴。大风，甚寒。母生日，午奠。曾荣、斌孙、之润与祭。惠夫、景子来。夜茂如来辞，明日行，菉与笏陪谈，予先睡。因子恒抗粮，必闯祸也，合邑喧然。为粮事县差四出。

廿八日 昨夜雨雪交下，今晨则仍六花，午后始止，然未晴也。计昨今两昼一夜，何啻七八寸，树皆挂雪，皎若琼林，景则奇矣，其如气象何！……

光绪二十六年岁次庚子正月初二日 晨晴，无片云。午又阴，晚雨霏微。留子来，客俱未见，闻乘轩者，颇济济也。夜雨。

初三日 雨不止。晨乘舟诣西山，冒雨谒墓，摘帽叩头，饭罢回城。乡民熙熙，然久阴于麦根恐浥损耳。……

初十日 晴。日出烟开，为入春第一好天气。连日看从前日记，拟自撰年谱也。移书案面壁，以避阳光。景子来，与菉谈，奎保父子亦集。夜梦人持示一词，有"扫尽双蛾浑不解。向灵和，别种纤纤柳"之句。

十二日 竟日晴朗，夜月好。……次公所藏明顾从义印谱十二册。倪

鸿宝尺牍、黄忠节手迹、赵高邑高景逸合册，皆佳。

十三日　晴，乍暖。笏来，永春来云恒事已平，买得钞本《琴川卢志》，黄琴六先生手写。

十五日　微阴，夜无月。晨起步至寺前街，抱芳阁书铺初开，坐片刻。入城隍庙，至花园石船，道士荣师烹茶，遂历陶家巷而归。凡三憩，腰脚衰矣。晚访儒卿不值，旋来过，相与笔谈。此老议论正，而胸襟宽，故享牟寿。余十三岁，作元夕张宴夺昆仑关试帖，有"第一回圆月奇切第一人"之句，颇为朋辈所传。今老而衰飒若是！

十六日　风阴又寒。午后舟诣西山，梅花大半开，惟雪后冻萼，稍减色。夜梦画诺，自署曰纪良，数十百件未已。

二十日　阴。仍寒。雨水节。景子来，晤醒梅叔。闲弄笔墨。奎孙以诗来。阅报知陈六舟卒于扬州。

廿一日　竟日晴朗。令山人来修路。惠夫来长谈。阅报知盛伯羲卒于京师，故人连殒，悲惋不已，以种葭二枝送姚湘渔。

廿六日　晴矣，暄暖畅适，倚楼展眺，松竹葱翠，掩映香雪，如此好景，惟幽人领之耳。写扇对，检日记，甚烦。日落时赤如丹砂，所仅见也。夜大风起，即日赤之征也。

康有为

作者简介

康有为（1858—1927） 初名祖诒，字广厦，号长素，又号更生，广东南海人。近代思想家、政治家、文学家。1895年进士，授工部主事。适值《马关条约》签订，因联合各省举人"公车上书"，请求拒和、迁都、变法。旋于同月29日，上书言自强雪耻四策（即：富国、养民、教士、练兵）。1898年，光绪帝"诏定国是"，宣布变法，命在总理衙门章京上行走，许专折奏事。政变发生后，康有为流亡国外，踪迹遍亚、美、欧、非各洲，组织保皇党会，主张君主立宪。文学成就主要在散文、诗歌方面。散文创作以长篇奏折、较短杂文和长篇游记居多，表现了作者改革政治的主张，抨击政治的腐败。论点明确、论据有力，敢于直言，毫无顾忌。短文往往散体中杂以排偶，善于用形象笔墨刻画人物、事态及抽象的事物。诗作深受杜甫影响，忧时伤国，题材广泛，境界恢弘，想象神奇，具有浪漫主义特色。著作辑为《康有为诗文选》《康南海文集》等。

诗　词

康有为

蝶恋花

　　记得珠帘初卷处。人倚阑干，被酒刚微醉。翠叶飘零秋自语，晓风吹堕横塘路。　　词客看花心意苦。坠粉零香，果是谁相误？三十六陂飞细雨，明朝颜色难如故。

大同书成题词

　　千界皆烦恼，吾来偶现事。狱囚哀浊世，饥溺为斯人。诸圣皆良药，苍天太不神。万年无进华，大地合沉沦。

　　人道只求乐，天心惟有仁。先除诸苦法，惭见太平春。一一生花界，人人现佛身。大同犹有道，吾欲度生民。

　　廿年抱宏愿，卅卷告成书。众病如其已，吾言亦可除。人天缘已矣，轮劫转空虚。悬记千秋事，医王亦有初。

侍连州公登城北画不如楼

先祖讳赞修，号述之，以举人官连州训导，赠教授，祀昭忠祠。吾少孤，携于官舍，教之圣哲大义高行，暇则从游山水。此楼为唐刘梦得遗迹，俯视郭外，山石松云至佳胜。时年十二，始学为诗，有《观竞渡》二十韵，失矣；仅存此，以记祖训。

万松乱石著仙居，绝好青山画不知。我爱登楼最高处，日看云气夜看书。

秋登越王台

秋风立马越王台，混混蛇龙最可哀。十七史从何说起，三千劫几历轮回。腐儒心事呼天问，大地山河跨海来。临睨飞云横八表，岂无倚剑叹雄才。

康有为

过 虎 门

粤海重关二虎尊，万龙轰斗事何存。至今遗垒余残石，白浪如山过虎门。

戊子秋夜坐晋阳寺惊闻祈年殿灾今五百年矣始议明年归政

古佛无灵，僮仆无声。先生独坐，长夜五更。转大地于寸窍，噫万籁于碎琼。沧海飞波黑山横，帝坐炯炯接长庚。鼻孔喷火灭日星，羲娥辂走为之停。囚夔百怪踏万灵，天龙血战鬼神惊。神鼠蹴倒双玉瓶，金轮忽放大光明。万千世界莲花生，先生开眼但见秋虫唧唧佛殿灯焰青。

过卢沟桥望西山

连山迭翠启皇州，万里云岚动素秋。地落平原开德棣，天分中外作并幽。浑河浩荡连沙转，香界深岩接汉浮。萧撼西风催落日，羸驴驮我过卢沟。

过昌平城望居庸关

城堞逶迤万柳红，西山岩峭霁明虹。云垂大野鹰盘势，地展平原骏走风。永夜驼铃传塞上，极天树影递关东。时平堡堠生青草，欲出军都吊鬼雄。

由明陵出居庸

镝弦老死不闻声，身是渔阳戍卒营。胡妇琵琶传大漠，并儿敕勒倚长城。帝陵千嶂秋盘马，玉塞平沙晓阅兵。百里盘崖红柳路，骑驼到驿月微明。

屠梅君侍御谢官归索诗为别敬赋六章

  大道久凋敝，群蠹啄其真。华琐相摩抑，气节沦不存。慷慨思所由，在逸程朱藩。屠公古豪杰，粹德冠人伦。中和得天倪，饮之温且醇。学术宗紫阳，近与张陆亲。岂仅曰言行，至诚为之根。百鸟争嘎噪，一凤岂独尊。云雾布杳冥，雷声动地垠。吁嗟道不丧，任之有斯人。
  四方际无事，宸居涉豫游。三山修旧苑，长廊间危楼。圣母经艰虞，晚节怡林丘。下臣岂不谅，顾怀抱薪忧。削牍数千言，痛切涕泗流。下言夷祸鉴，上为国本谋。哀号述先帝，碧血洒松楸。闾阎为动容，土木辍不修。至诚动天地，孰谓直不收。台谏久寂寞，一鹗击高秋。巧宦虽见容，寒蝉良足羞。
  虹霓蔽白日，太微乱天经。北斗绾枢衡，金镜荡其名。工母宴瑶池，恻怆白玉京。天龙多修罗，狰狞窥太清。仙官三万籍，敛手空屏营。香案有下吏，学道受血诚。绿章夜上奏，欲整三垣星。华盖接句陈，耿耿露光精。徐徐见贬谪，仍许游赤城。虽插尘寰脚，气象震百灵。多谢紫皇恩，犹作钧天听。
  君国骨肉际，盈庭莫开口。奏札愈剀切，忠诚肝肺剖。旷读先正集，国朝未之有。惜哉未见行，太平遂刍狗。叔季何多求，圣明顾已厚。
  南海有黄鹄，毛羽初未成。苦怀四海志，抚翮入杳冥。阿阁有鸐鹭，归昌吐英声。延颈思群匹，比翼得欢情。冲天振羽翰，长唳万人惊。九霄鸾铩翼，黄鹄欲从征。巢枝虽难同，愿言相和鸣。
  儒者立人朝，从古未见久。开门坐讲德，此道尚或有。况时寡师儒，

人才日废朽。杂学与夷学，视儒若刍狗。公为紫阳嗣，正宜继绝纽。赵复入关中，康斋隐江右。遂开元明学，一代关治否？闻公往潼关，又或谒曲阜。华阴节义重，历下圣泽厚。士气皆驯良，大义易导牖。煌煌遗书在，但须在坚守。或者得数子，斯道已有后。学案曾商定，此是儒林薮。议论有异同，愿以示下走。公其爱玉体，耕道若农耦。会命千里驾，就听师子吼。

出都留别诸公

沧海惊波百怪横，唐衢痛哭万人惊。高峰突出诸山妒，上帝无言百鬼狞。岂有汉廷思贾谊，拚教江夏杀祢衡。陆沉预为中原叹，他日应思鲁二生。

天龙作骑万灵从，独立飞来缥缈峰。怀抱芳馨兰一握，纵横宙合雾千重。眼中战国成争鹿，海内人才孰卧龙。抚剑长号归去也，千山风雨啸青锋。

表海神旗启大都，西山王气未榛芜。百年感怆伊川发，万里苍茫属国图。原庙幽灵呵仿佛，钧天广乐听模糊。无端又作觚棱梦，醒视扁舟落五湖。

两载京华久滞留，无终从此老田畴。安排行集成千卷，料理芒鞋出九州。天下英雄输问舍，地中山海遍登楼。只愁莽莽乾坤大，无处沧浪著钓舟。

一曲苍茫奏水仙，灵飞鬼啸一千年。木公虚拥扶桑日，金母高居紫焰天。云雨不兴龙似睡，波涛暗涌鳄流涎。只今东海灵鼍吼，哀怨如闻廿五弦。

康有为

送门人梁启超任甫入京

道入天人际，江门风月存。小心结豪俊，内热救黎元。忧国吾其已，乘云世易尊。贾生正年少，跌荡上天门。

登台惟见日，握发似非人。高立金轮顶，飞行银汉滨。午时伏龙虎，永夜视星辰。碧海如闻浅，乘槎欲问津。

悲悯心难已，苍生疾苦多。天人应上策，却曲怕闻歌。冰雪胎终古，云雷起大河。系辞终未济，吾道竟如何？

八月九日在上海英舰为英人救出得伪旨称吾进丸弑上上已大行闻之一痛欲绝决投海写诗系衣带后英人劝阻消息未确请待之派兵船保护至香港

忽洒龙䰲翳太阴，紫微移座帝星沈。孤臣辜负传衣带，碧海波涛夜夜心。

戊戌八月国变记事

　　历历维新梦，分明百日中。庄严对宣室，哀痛起桐宫。祸水滔中夏，尧台悼圣躬。小臣东海泪，望帝杜鹃红。
　　遮云金翅鸟，啄食小龙飞。海水看翻立，旻天怨式微。哀哀呼后土，惨惨梦金闺。千载鼋鼍恨，王孙有是非。
　　吾君真可恃，哀痛诏频闻。未定维新业，先传禅让文。中原皆沸鼎，党狱起愁云。上帝哀臣罪，巫阳筮予魂。

登箱根顶浴芦之汤

　　天地大逆旅，家国长传舍。斯人吾同室，疾苦谁怜惜。万方凝秋气，闭户谁能谢。既入帝网中，重重缨络绔。荆榛蔽大道，涧谷起寸鳞。解脱非不能，垢衣吾敢卸。化身曾八千，恻怛又税驾。仲尼本旅人，瞿昙乃乞者。我生亦何之，历劫更多暇。信宿席不暖，去住心无挂。灰飞沧海变，时放光明夜。

康有为

阅报见德人贺得胶周岁事又得杨漪川狱中诗题其后

胶海输人又一年，维新旧梦已成烟。山河残破成何事，大鸟飞来但黯然。

九月二十四日夜至马关泊船二日即李相国议和立约遇刺地也有指相国驻节处者伤怀久之

碧海沈沈岛屿环，万家灯火夹青山。有人遥指旌旗处，千古伤心过马关！

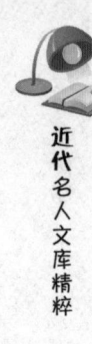

七月偕铁君及家人从者
居丹将敦岛灯塔

　　大海苍苍一塔高，秋深绝岛树周遭。我来隐几无言语，但听天风与海涛。

　　北京蛇豕乱纵横，南海风涛日夜惊。衣带小臣投万里，秋来绝岛听潮声。

北难日急江南军来归联合五省义士
兴师勤王将用日本挟藩之策先行
之武昌事败七月十八日门人唐才
常殉难汉口烈士林圭等死者三十
人祭之哀怆心肺

　　烈士悲国种，奇才起楚湘。苦心结豪杰，誓死救君王。兵气连江海，元戎压武昌。惊闻将星陨，忧痛恻肝肠。

　　两载经营苦，勤王今始成。未诛李孝逸，先丧冀元亨。天夺嗟何速，中兴岂未平。伤心覆醢痛，笳鼓咽先声。

　　虫沙哀死士，三十尔何人。故国伤芜没，元功痛陨沦。头颅轻报主，精魄上为神。嗟我长城坏,无由赎百身。

鹦鹉洲前树,从兹翳黑云。凄凉悲葬碧,骚赋泣招魂。迎驾期他日,成师念宿勋。血痕沾老泪,洒涕告三军。

闻菽园居士欲为政变说部诗以速之

我游上海考书肆,群书何者销流多。经史不如八股盛,八股无如小说何?郑声不倦雅乐睡,人情所好圣不呵。自从戊戌八月后,天昏雾黑暗山河。房州闭废金轮覆,大鹏遮天眯双目。天宫忽遇南风扇,莲花留得六郎宿。吕家少帝岂刘氏,潘后童女为魏续。天柱尔朱假大权,内总禁卫外旗绿。兵马元帅都天下,坐观玄黄闻鬼哭。姚宋才名甘作辅,何况无耻陈伯玉。顷者开科买士心,秀才得意群呻吟。君国沦忘彼岂识,科第偷窃众所钦。旧党献谀狂一国,大周受命颂骎骎。是非颠倒人心变,哀哉神州其陆沉!颇欲移挽恨无术,绉眉搔首天雨阴。闻君董狐说小说,以敌八股功最深。衿缨市井皆快睹,上达下达真妙音。方今大地此学盛,欲争六艺为七岑。去年卓如欲述作,荏苒不成失灵药。或托乐府或稗官,或述前圣或后觉。拟出一治更一乱,普问人心果何乐?庶俾四万万国民,茶余睡醒用戏谑。以君妙笔为写生,海潮大声起木铎。乞放霞光照大千,十日为期速画诺。

闻和议成而东三省别有密约割与俄各直省人士纷纷力争

魏绛和戎岂有功，只愁云雾蔽辽东。凭将士气扶中夏，泪洒山河对北风。

哭祭军机陈次亮郎中

悲风蹴海波，骤雨掩平地。陈公天人姿，秋色忽凋弃。吁嗟维新业，于何呼同志。君才实鼎铉，天生清庙器。深通中外学，纬画长政治。日夜忧中国，誓心拯衰敝。京师承平久，千官多讳滞。清议恶变夷，守旧拘法制。百鸟皆反舌，丹凤鸣锵哕。神采懔峻整，正直泻肝肺。见我即解带，两谋若印契。时当割台和，士夫知忧喟。共开强学会，烂然庆云蔚。写诚说常熟，十二策奇计。惜哉沮兰尚，郁郁纫荃蕙。夺去凤凰池，佯狂真避世。十年直中枢，津要颇得位。一朝泣枯鱼，长贫无归计。及语君父间，大义声色厉。圣主方潜龙，外论颇诽诋。公独慷慨言，圣德实命世。中国必不亡，中兴此焉系。宵旦忧吕武，谈之辄掩袂。戊戌津大阅，君闻早相谓。当有房州变，殷忧惟屑涕。吾犹疑其讹，及信难为计。贱子竟奔亡，圣上濒危废。恻恻念君言，天乎空洒涕。京邑旋烽燧，蛇豕横燕蓟。黄屋已西巡，转侧围城际。复□日有闻，哲人忽摧逝。昊天胡不吊，殄瘁实可畏。他日幸维新，大川乞梁济。陈荔奠椒浆，忧哀令人瘵。

六 哀 诗

戊戌之秋，维新启难，尧台幽囚，钩党起狱。四新参杨锐叔峤、刘光第裴村、谭嗣同复生、林旭暾谷、御史杨深秀漪川，及季弟广仁幼博不谳遂戮，天下冤之，海外志士，至岁为设祭，停工持服，盖中国新旧存亡所关也。六烈士者，非亡人之友生弟子，则亡人之肺腑骨肉。流离绝域，呕血痛心，两年执笔，哀不成文。辛丑八月十三日奠酒于槟榔屿绝顶，成五烈士诗，海波沸起，愁风飘来，哀纪亡弟，泣不成声。盖三年矣，后补成之。

故山东道监察御史闻喜杨公深秀

山西杨夫子，霜毛整羽鹤。神童擢早秀，大师领晋铎。琨玉照苍旻，劲翮刷秋鹗。嗜痂癖鄙言，论学起岳岳。琐碎苍雅奥，繁芜传注博。山经与地志，佛典共史略。繁征举其词，一字无遗落。吾能张其军，见公生畏却。尤能举大义，行已无愧怍。清绝冠台官，子病无医药。趋朝辄赁车，卖文乃款爵。时经胶旅警，惨忧同痁疟。旦夕论维新，密勿频论驳。首请联英日，次请拒俄约。继言废八股，译书遣游学。涕泣请下诏，大变决一跃。御门警群臣，开局议制作。圣主感诚切，大号昭涣若。四月变法诏，永永新中国。大旱沛甘霖，群生起忻乐。奇功动日月，衢尊共斟酌。大蛇卧当道，神鹰击一攫。忧甚武曌祸，惜无柬之略。忽惊神尧囚，赫矣金轮虐。党祸结愁云，盈廷暗若缚。抗章请撤帘，碧血飞喷薄。董军密入京，萧萧八月朔。吾时奉诏行，公来告氛恶。挥手作死别，吾拟委沟壑。岂知

痛嵇生，凄绝山阳笛。昔谒椒山宅，遗像瞻瓜削。见公适适惊，骨鲠貌相若。故知是化人，来为救世托。虽惨柴市刑，能褫汉奸魄。大岛还故乡，刚毅死犹吓。

故四品卿衔军机章京参预新政候补知府谭君嗣同

复生奇男子，神剑吐光莹。长虹亘白日，青锋拂苍溟。足迹遍西域，抵掌好谈兵。横厉志无前，虚公心能平。才明挺峻特，涉猎得其精。于学无不窥，海涵而渊渟。文词发瑰怪，火齐杂水晶。孤孼既备尝，德慧更耀灵。遍探异氏奥，遽徙筐频倾。归心服大雄，悲智能长惺。闻吾谈春秋，三世志太平。其道终于仁，乃服孔教精。贯串中外学，开通治教程。奇辟破宧奥，华妙启化城。大哉仁学书，勃窣天为惊。金翅来大鹏，溟海掔长鲸。巨力擎烛龙，雷霆吼大声。吾道有谭生，大地放光明。师师陈义宁，抚楚救黎烝。变法与民权，新政百务兴。湘楚多奇才，君实主其盟。大开南学会，千万萃才英。新法丕矫变，旧俗涤以清。圣主发维新，贤哲应求征。奉诏来京师，翔凤集紫庭。宣室前席问，帝心特简膺。有命参新政，超阶列群卿。向以天下任，益为救国桢。旅吾南海馆，纬画夜不宁。首商尊君权，次商救民萌。条理皆暗合，次第拟推行。煌煌十七日，新政焕庚庚。大猷未及告，奇变怒已形。衣带忽飞传，痛哭发精诚。大床方卧疾，挥涕起结缨。自任救圣主，挥吾出神京。横刀说袁绍，慷慨气填膺。奇计仗义侠，惜哉皆不成。神尧遂幽囚，王母宴飞琼。缇骑捕党人，黑云散冥冥。吾时将蹈海，欲救无可营。东国哀良臣，援拯与东征。上言念圣主，下言念先生。两者皆已矣，誓死延待刑。慷慨厉气猛，从容就义轻。竟无三字狱，遂以诛董承。毅魄请于天，神旗化长星。

故四品卿衔军机章京参预新政内阁中书林君旭

瞰谷挺天秀，髫年富文史。波澜尽老成，清妙纡练绮。文词有汉声，诗词得宋体。下笔压耆宿，十八冠乡举。弱冠游京师，名声飙鹊起。王粲诣蔡邕，陆机入洛汭。一时誉奇材，公卿为倒屣。折节不自足，来问春秋旨。商榷三世义，讲求维新理。论才荐大科，交章用处士。奏对称师说，变法陈古始。前席承宣室，参政赞彤几。经纶谟密勿，夥颐难述纪。颇闻罪已诏，敬舆笔所拟。至今感人心，普天思圣主。萧墙难既作，尧台囚莫弭。宸衷顾从容，眷惜微臣死。密诏促出行，缘汝籍弟子。造膝近御座，衣带传密旨。捧诏相抱泣，报国同誓死。惆怅吾去国，绸缪汝救主。仓黄解玉玺，萧飒走缇骑。非无西人哀，援手为救止。慷慨乃捐躯，投身赴大理。呜呼长宏血，三年碧不止。娟嬛沈公孙，令德俪才婿。竟作坠楼人，长咽秦淮水。晚翠自名轩，完节无愧此。每见青琅玕，伤心泪涟涟。人间廿四年，英名满天地。

故四品卿衔军机章京参预新政内阁侍读杨君锐

峨岷气凄怆，精英起肃肃。杨君抱粹姿，温温润如玉。学问窈渊懿，神体窥浑穆。史学尤精研，晋书手注录。久游诸公间，京华推名宿。谨密无少泄，谦让似不足。平生忧国意，慨叹眉蹙蹙。代草诸公疏，补救强踣踬。与我志意同，过从议论熟。公车始上书，号召君鞠鞠。继乃会强学，君肯同开局。豺虎磨牙食，群士皆退缩。君首争署名，抗章听诛戮。胶事吾去国，君走为推毂。后开保国会，被劾君犹睦。始疑谨厚姿，颇虑弱不足。岂知百炼金，光芒深韬蓄。学术本少殊，行事乃相服。益知君子心，忧国至诚笃。圣心善鉴拔，大器备令仆。参政十七日，玄黄遘痛毒。帝座竟倾暗，衣带密传读。上言忧中国，变法救危辱。下言触慈怒，大位将倾覆。设法筹营救，焦灼企望速。君密传同志，失声咸痛哭。颠危竟不救，万死罪莫赎。董承以反诛，千秋伤冤狱。

故四品卿衔军机章京参预新政刑部主事刘君光第

我不识裴村，裴村能救我。署奏拒鹰鹯，心感报无所。昔开保国会，千丈松磊砢。模糊一握手，未得亲右左。君言读我书，倾倒亦已颇。故人多石交，下石一何伙。故知交在神，面交多坎阻。京华声利海，十年潜默坐。谢华学独劬，寡交足频裹。闭门陈正字，直节无撑婀。小字作颜书，刚健少婀娜。研精旧史学，维新乃最果。圣上切旁求，陈抚荐自楚。新参一朝拔，得人四海贺。王相客盈门，不投一刺过。密勿赞新猷，气象皆驳

骁。改元设参谋,明堂灿藻火。讦谟善画策,君莫不画可。夺门忽闻变,投狱无少舛。竟从龙比游,哀哉吕武咢。人才付一烬,邦国嗟长锁。吁嗟孔融子,覆巢卵同挫。侧望蜀川云,洒涕风悲楚。

故侯选主事亡弟广仁 壬寅八月十三日

在大吉岭补作,附录于此。

哀哀天疾威,予季遭淫虐。孽龙发雷火,鸾凤为烧灼。骨肉遭菹醢,肺腑痛煎割。一念一断肠,再念涕横落。汝生七月孤,同产吾与若。先公属纩时,抚弟遗顾托。汝幼多疾疹,母忧借医药。居然幸长成,峨峨丹顶鹤。随吾三十年,读书观大略。天马不受䩞,遗弃时俗学。英姿禀金精,神锋挺铦锷。宝剑未出匣,虎气隐腾跃。白光时一瞥,照射无不削。横厉空无前,碧霄掾秋鹗。纵横出奇论,人天供喷薄。新理乍雷惊,异想开山凿。结友何易一,披心同研索。十年抵足谈,相视得大乐。斟酌西哲说,扫除旧俗幕。当时国守旧,难遽倒其囊。时人若闻之,耳聋此大喝。吾颇能新言,实施稍恐怍。汝乃言即行,勇猛无畏却。长剑睨九州,神鹰横大漠。吾以时未可,强力加抑遏。每论四海豪,辄谥为暗弱。颇嗤吾拘懦,常箴吾痁疟。临事眼如电,国手断无错。欲汝芒韬敛,试吏折其角。捧檄屈一年,邈然弃官爵。人情遂深达,屈伸妙取酌。千里进一步,自兹器深博。民智哀不开,译书为之钥。民身悯不健,西医导先觉。妇女嫉抑压,女学徇木铎。恻恻悲裹足,开会解缠缚。四者为己任,业此曰呼吁。戊戌吾受知,纬缅佐君国。颛颛废八股,民智可开廓。审时谢余事,知几虑祸作。频咏归去来,招隐日有约。吾亦知颠危,顾闻消息恶。传言房州废,即在天津阁。黾勉欲救主,不忍拂衣作。王卿敬汝才,剡章荐延阁。忽奉衣带诏,旁皇势无著。汝乃身任之,促吾出京郭。仓卒缇骑来,无妄践汤镬。慷慨就狱囚,视死了无愕。柴市天瞖霾,冤云飞作雹。头颅无人收,惨惨归大壑。频年遭义侠,收骨摩燕阙。汝以吾被戮,哀哉心肝绝。平生风雨床,亲爱古轼辙。回忆南海馆,昧爽门前诀,岂料永酸辛,为国竟流血。舍身贸文明,举国怆英烈。老母年七十,思子长忧结。汝往过孝媚,母念肝欲裂。绐言慰老母,云汝走胡羯。蒙古山寺中,为僧待时节。时伪作书还,执笔辄哀瞠。汝女尚能嬉，汝妻忽知泄。终日泪盈颐，见姑忍哽咽。吁嗟吾罪罟，从何慰母懡。百埠保国会，持服陈祭洁。忽忽四周期，宗周褎似灭。圣主尚见幽，大仇痛未雪。仰天洒血泪，化碧应不灭。

望须弥山云飞因印度之亡感望
　故国闻西藏又割地矣

喜马来山云四飞，山河举目泪沾衣。此通藏卫无多路，万里中原有是非。

闻俄据东三省

郁郁瞻长白，云流鸭绿阴。岂真王气黯，竟令敌兵深。百战思开创，三年病割侵。万方皆震动，王母宴荒淫。

缅 甸 哀

潞江滔滔怒流徂，两山夹川走龙粗。远起滇边万里纤，中尽阿瓦蹲伏无。千里尽海平原腴，阿瓦千年缅作都。石阙耸天宏规模，山川环绕好形图。王宫华严皆金铺，其方二里四门庐。金甲守门卫士殊，黄金宝座殿壁俱。后宫白石浴可娱，前苑堆山水注湖。殿旁高塔入云扶，俯视万家春树芜。嗟哉形势壮海隅，惜乎荒淫不备虞。五日灭国堪骇吁，妃主茅棚豆羹存遗躯。上漏下湿床几无，赠我缝衣惨不纾。王弟乞食于我乎，哀吾属国泪如珠。降相乌江年八十，颇用文学政权执。户部亚东尤才辨，昔同游欧稍掇拾。过震英势主和议，立致败亡何太急。乌江佛学最深博，意救生民不及国。亚东语我灭亡事，悬河之口犹岳岳。语终称吾缅已矣，中国贴危不可乐。颇闻恃大尚守旧，深恐亡同一丘貉。吾自逋亡但漫游，闻之耳聋三日疟。惜吾宫府不出游，不尔请闻骠国乐。

故太子少保协办大学士军机大臣毓庆宫行走常熟翁公哀词十四章

中国维新业，谁为第一人？王明资旧学，法变出元臣。密勿谋帷幄，艰难救国民。峨峨常熟相，凿空辟乾坤。

仲舒学纯悫，第一冠贤良。博雅推萧望，公才属马光。韦平勋再世，陈窦党重伤。仙鹤青霄泪,霜毛竟不翔。

师弟而臣主,宁闻二十年。成王新斧扆,尚父授经筵。尧舜天人圣,熊盘启沃贤。痛心丧良傅,一老不遗天。

马江经败绩,谬上万言书。辽失忧薪火,韩亡虑沼鱼。审时求变法,痛器辄当车。绛灌非公意,长江空里闾。

甲午东和后,纡心世变更。高轩咨下士,长揖对前荣。不信徙薪策,今为割地盟。岂闻师相贵,谢过向鲰生。

考求中外势,救国决更张。进御新书本,培才大学堂。苦心营铁路,凿空启银行。十二策犹未,经帷逐太忙。

金轮久临御,玉扆类潜阳。虽割三台岛,仍张万寿觞。舞歌扶力士,鼾睡挟相王。忧国惊谗毁,沈沈只自伤。

胶州忽见割,伏阙我陈书。荐士劳推毂,追亡特枉车。辟门咨在下,决策变维初。廷议终为梗,椒兰谁为除?

恭王忧死日,华夏复生年。一德君臣合,千秋新旧缘。耻为亡国主,誓欲复君权。戊戌当初夏,深谋变法全。

四月廿三诏,维新第一辞。大号明国是,独立扫群疑。五日相遂罢,千年弊尽披。新潮今卷海,开幕可忘之。

神州大一统,文化五千年。守旧盈廷论,攘夷举国传。弓刀经改试,经济特求贤。变法身为导,罹灾公遂先。

痛绝瀛台变,忧深京室墟。老臣编禁后,圣主幸巡初。几被张华戮,徒为殷浩书。七年惊党祸,惨淡谢兴居。

上相犹居士,幽囚现老僧。闭门惟读画,游寺或行滕。待死一生乐,忧时百愤腾。房州未复辟,目瞑亦何能。

他日新中国,元功应尔思。铸金范蠡像,遗祭曲江碑,洒泪随欧海,招魂仗楚词。乾坤何日正,生死论交悲。

在加拿大闻偿款加镑价重税频加忧而有作时甲辰十月也

币偿十万万,自古无此奇。此金从何取?刮自民膏脂。暮冬风雪裂,行经山泽陂。过一老工者,适自中国归。自言事力作,工价甚薄微。手足生茧栗,风雨沐艰难。有时感寒暑,父母嗟寒饥。辛苦扶病起,头昏扶锄犁。一日之所得,百钱仅能支。官府勒取去,巨金纳于谁?夺我囷中粟,病母卧无糜。取我机中布,瘦儿寒无襦。我民何罪辜,衣食绝无依。民也资忠义,爱国同有思。或者为国防,强兵振天威。或者为开学,民智开愚痴。或者兴农工,富民补助资。抑为大铺乐,吾民同娱嬉。或者口君后,歌舞湖山湄。吾民亦效忠,愿贡之赤墀。乃闻道路传,强邻实输之。三十有九年,缅邈何长期。官府代追索,骨肉受鞭笞。我既担重负,老死无了时。我子尚被债,我孙犹疮痍。苛征力难任,避地走美非。我民实愚昧,不识税起时。道逢欧洲人,述此出宫闱。汝君欲变法,汝后幽废之。乃拟立新帝,太上为载漪。友邦患干预,客馆先长围。阴通义和团,冀成废立徽。遍逐万国人,絷杀无是非。遂召八国军,长驱入京畿。众邦代定乱,兵饷索固宜。非我外国胁,乃汝太后为。汝宜自怨怒,无愤邻邦师。我乃如梦觉,泣涕垂涟洏。近者复加税,苛重难讪讥。谓因加镑价,千万更支离。和议已五年,今何翻反而。当时所议定,银价非金资。银价用两别,金价用镑持。曾见和约文,各国分索词。某国若干两,万千无错遗。无言镑几何,约文岂儿嬉。睦邻久和好,云何当面欺。此岂复成国,索贡亦太奇。窃意我大官,闻此峻绝其。今者加搜括,我民地无皮。不敢怨外邦,深为朝廷悲。未暇怨县官,天寒我无衣。就令倍蓰征,亦复无忧悲。我家四壁立,典鬻无所施。仰天但长叹,今夕灶不炊。

康有为

考验太平洋东岸南北美洲皆吾种旧地

　　吾游加拿大，古迹忽有李陵台。好事徐维经，购得埋地古钱之一枚。传闻古钱埋一瓮，名字皆自中国来。我曾摩挲墨拓之，视为异宝藏于怀。米北亚拉士加人，面貌酷似中原胎。新蕾我遇水利长，口称新墨西哥稻田开。其地沟洫似中土，定是华人移植回。墨西文明尤古出，遗殿百级高崔嵬。百器制作颇类我，旧民相见情亲哉。吾人呼叔似南越，特留酒食意徘徊。秘鲁文化亦相似，今虽代远存劫灰。麦秘中间称盛世，惜遭变乱毁蒿莱。我将南游亲考验，益见吾种滂远无不赅。想见飓风吹渡海，二万里远难重回。或者三苗旧蛮族，或者渤海扶余哉。或者文身断发出吴越，少被文化无通栽。各以国风与野俗，行之新陆传方来。文者开文明，野者山泽化日颓。总之太平洋岸东美洲五万里落机安底斯以西之草苔，皆吾华遗种之土地，证据确凿无疑猜。科伦布寻远在后，先者为主后者随。彼挟国力推智者，欧土又近来相偕。遂令光光新大陆，客作主人先安排。赫赫欧洲鼓与旗，树遍南北美洲照电雷。从来得失多反复，天道人事古今可相推。我华人类数万万，横绝地球吾为魁。他日中兴楼船破海浪，水滨应向吾故壤。北亚拉士驾南智利，故主重来龙旗飐。

哭前翰林院侍读学士湖北提学使黄君仲弢

凤凰鸣丹霄，五色和其声。老凤扬威彩，雏凤声更清。天台秀东南，永嘉盛才英。吾友黄仲弢，温温玉色莹。明澈神四照，道义为之经。颖敏拔髫龀，博学嚼华精。妙篆披秋竹，华文耀春荣。鹤立露丹顶，蕙芳发妙馨。妙年选词馆，韬荡持文衡。学士老供奉，长才屈短绳。忧国如家事，好士为心旌。扪虱纵高谈，解带即写诚。论学辨晨夕，踏雪登楼城。马江已败后，吾忧国危倾。上书请变法，唐衢众笑谇。君与屠梅君，左右翼我擎。衣怜范叔寒，金分鲍子赢。愧非夷吾才，倍感钟期情。帝阍既隔绝，敝庐乃归耕。数载诣公车，三秋游江宁。烟腻秦淮水，雪压陶然亭。故人重把酒，欢笑若忘形。强学与保国，两会吾为盟。爱国同激昂，比翼并联名。时警胶旅割，伏阙吾哀鸣。先帝实忧民，侧席延迩英。维新大更始，欲起中国瘼。谬思毗大业，窃用竭忠贞。岂不虑党祸，未忍负圣明。祸水浸尧台，龙漦流夏廷。愚忠受衣带，誓死力救营。是时尔朱焰，风尘宫阙腥。决计幽房州，先谋诛董承。鲰生犹在梦，东市将赴刑。仲弢走告密，一日数书并。时日相伊滕，约吾商国成。君来频相左，吾归视犹轻。仲弢更约宴，卓如促吾行。言曰黄仲弢，忠诚君子朋。一时频造请，必有急变争。衔杯浙绍馆，泣语至深更。劝吾夜密走，胡服或为僧。君像拓亿千，电话四鹜惊。地网与天罗，密布难飞腾。北走蒙辽可，南奔凶不亨。时吾任救主，逡巡难遄征。嗣同挥手言，国事赖先生。启超与广仁，力请微服行。圣主吾任救，仲弢言有凭。所居南海馆，是夕前墙崩。嗟言命在天，易服吾未能。去去道津海，恻恻别皇京。轻装夜已深，喔喔群鸡鸣。云黑暗道路，林疏漏飞星。触树疑猛鬼，闻犬惊追兵。车船笛鸣鸣，天地鸿冥冥。顷刻凌晨曙,金铁飞纵横。大索城门闭,断行铁路停。缇骑三千人,九关虎豹狞。仓皇京津道,缧继及诸卿。生我者父母,救我者殁兄。誓将结草报,方冀成中兴。皋夔同赓歌,尧舜庆良明。岂意武昌鱼,遽骑箕尾灵。绝海吾在瑞,大雪湖海冰。挂剑树无所,衣衰服犹轻。何图浙绍馆,遂为永诀程。倒尽银河水,吾泪犹未盈。翻尽东海波,吾血犹荧荧。来生或有欤,冥报庶几征。震震凄予怀,黯黯天地凝。

耶路萨冷观犹太人哭所罗门城壁男妇百数日午凭城泪下如縻诚万国所无也惟有教有识故感人深远吾念故国为之怆然

崇壁严仡仡,围山上摩天。巨石大盈丈,莹滑工何妍。筑者所罗门,于今三千年。城下聚男妇,号哭声咽阗。日午数百人,曲巷肩骈连。凭壁立而啼,涕泪涌如泉。惨气上九霄,悲声下九渊。始疑沿具文,拭泪知诚悬。电气互传载,真哀发中宣。一人向隅泣,不乐满堂缘。借问犹太亡,事远难哀怜。万国有兴废,遗民同衔冤。譬如父母丧,痛深限年旬。岂有远古期,临哭旦夕酸?罗马后起强,第度扬其鞭。虽杀五十万,流血染城闉。当时严上帝,清庙金碧鲜。我来瞻遗殿,华严犹目前。珍宝移罗马,痛心亦难喧。正当吾汉时,渺茫何足云。侯景围台城,一切文物焚。耶律执重贵,雅乐遂不闻。暨至宋徽钦,汴京虏君民。岂无思古情,颇感骚人魂。或作怀古诗,亦传哀吊文。未有凭城哭,至城逮野人。妇婴同洒泪,千载恸遗民。吾迹遍万国,奇骇何感因。答言祖摩西,奉天创业勤。艰苦出埃及,转徙红海滨。帝降西奈山,特眷吾家春。十二以色列,奄有佐顿川。大辟所罗门,两王尤殊勋。拓边大马色,筑庙

耶路颠。武功与文德，焜耀死海湄。余波跃耶回，大地遍遵循。人种我最贵，天孙我最亲。岂意灭亡后，蹂躏最惨辛？罗马与萨逊，蹈藉久纷纭。英暴当中世，俄虐今尚繁。遗种八百万，飘荡大地魂。有家而无国，处处逐辱艰。被虐谁为护，蒙冤谁为伸？传言上帝爱，我呼彼充瑱。穷途无控诉，凭城号吾先。言罢又再啼，四壁啼益喧。哀哀不忍闻，吾亦为垂涟。亡国人皆恨，惟汝有教贤。他国不知愁，同化久忘筌。汝诚文明民，文明成瘴疠。区区此遗黎，艰苦抱守坚。虽然犹太教，今犹立世间。吾游墨西哥，文字皆不传。英哲与图器，泯灭咸无存。读学皆班文，性俗忘祖孙。岂比汝犹太，能哭尚知原。哀哀念远祖，仁孝无比援。他日买故国，独立可复完。先咷必后笑，物理固循环。吾哀犹太人，吾回睨中原。四万万灵胄，神明自羲轩。唐虞启大文，禹汤文武朕。孔圣实文王，制作大礼尊。圣哲妙心灵，图器文史篇。后生坐受之，枕胙忘其源。始胎育佳儿，如酿蕴良醇。我形胡自来，我动胡自迁。我识与我神，明觉胡为元。喜怒胡自起，哀乐胡所偏。我咏歌舞蹈，我饮食文言。一一英哲人，化我同周旋。忘之我坐忘，悟之大觉圆。一往情与深，思古吾翩跹。庄周梦化蝶，吾实化国魂。若其国竟殇，哀恸不知端。凡亡非我亡，畸士托古诠。吾未免为人，多情犹为牵。吾为有国故，身家频弃捐。哭弟哀友生，柴市埋冤云。哭墓已不获，先骸掘三坟。十死亡海外，谗侮百险煎。受诏久无功，缠身万苦难。十载逋亡人，拂逆痛心肝。我本淡荡人，方外乐谈玄。胡事预人国，误为不忍缠。今既荷担之，重远难息肩。地狱我甘入，为救生民艰。受苦固所甘，忍之复忍焉。久忍终难受，去去将舍旃。浩荡诸天游，欢喜作散仙。天外不能出，大地不能捐。国籍不能去，六凿不能穿。犹是中国人，临睨旧乡园。睊睊涕被席，耿耿伤我神。愿告爱国者，犹太是何人？

康有为

三月五日在瑞士吕顺游阿尔频山晚步梨花压山芳草数里越山度涧幽绝无人徘徊花下远闻琴声湖波漪涟夕霞照山溯洄从之疑古桃源也雪旗花独阿尔频山产之游者珍之皆插襟上而归

雪峰白颠，湖水碧波。林树亶亶，楼阁佺佺。店旗风飐，船笛烟过。遵彼微径，言登陵陂。芳草芊芊，人迹不加。一览万绿，极望无他。暧暧雪旗，白绵作葩。独产阿频，瑞草同嘉。微馨插襟，袖本还家。逾岭渡涧，唯闻鸟哗。梨花亿万，覆压岩阿。时春三月，灿烂开花。一山缟素，雪飞日斜。婉娈黄蜂，寻香逐华。吾久徘徊，疑桃源耶？策杖却曲，攀石磈砢。有屋抗山，绕花婆娑。微闻琴声，愔愔以和。有美一人，玉面清歌。蓬山岂远，神仙所家。水影漪涟，霞边荡摩。夕阳下山，归路坡陀。清绝难忘，托之大罗。

与菽园论诗兼寄任公孺博曼宣

一代才人孰绣丝？万千作者亿千诗。吟风弄月各自得，覆酱烧薪空尔悲。正始如闻本风雅，丽葩无奈祖骚词。汉唐格律周人意，悱恻雄奇亦

可思。

新世瑰奇异境生，更搜欧亚造新声。深山大泽龙蛇起，瀛海九州云物惊。四圣崆峒迷大道，万灵风雨集明廷。华严帝网重重现，广乐钧天窃窃听。

意境几于无李杜，目中何处着元明？飞腾势作风云起，奇变见犹神鬼惊。扫除近代新诗话，惝恍诸天闻乐声。兹事混茫与微妙，感人千载妙音生。

闻高丽亡日俄协约且有蒙古辽东之约痛慨感赋两章

坐看东海竟扬尘，太极茫茫转日轮。箕子为奴今及裔，庭坚不祀最伤神。千年图史空王会，八道河山痛种人。长白山头云黯黯，更愁鸭绿浪粼粼。

趋朝曾忆廿年前，五凤楼头日耀天。纱帽绿袍穿陛仗，朝元贺朔入班联。沈沈渤海惊龙战，滚滚边尘压鸭川。可笑降王娱帝号，曾供傀儡十三年。

散文

康有为

广艺舟双楫序

　　可著圣道，可发王制，可洞人理，可穷物变，则刻镂其精，冥缫其形为之也；不劬于圣道、王制、人理、物变，魁儒勿道也。
　　康子戊、己之际，旅京师，渊渊然忧，悁悁然思，俛揽万极，塞钝勿施，格绌于时，握发欹然，似人而非。厥友告之曰："大道藏于房，小技鸣于堂；高义伏于床，巧黩显于乡。标枝高则陨风，累石危则坠墙。东海之鳖，不可入于井；龙伯之人，不可钓于塘。汝负畏垒之材，取桀杙，取榱栌，安器汝！汝不自克，以程于穷，固宜哉！且汝为人太多，而为己太少，徇于外有，而不反于内虚，其亦暗于大道哉！
　　"夫道无小无大，无有无无。大者小之殷也，小者大之精也。蟭螟之巢蚊睫，蟭螟之睫，又有巢者；视虱如轮，轮之中，虱复傅缘焉。三尺之画，七日游不能尽其蹊径也。拳石之山，丘壑岩峦，窈深窅曲，蠛蠓蚋生。蛙蟆之衣，蒙茸茂焉。一滴之水，容四大海，洲岛烟立，鱼龙波谲，出日没月。方丈之室，有千百亿狮子广座。神鬼神帝，生天生地。反汝虚室，游心微密，甚多国土，人民丰实，礼乐黼黻，草木茏郁。汝神禫其中，弟靡其侧，复何骛哉？盍黔汝志，锄汝心，息之以阴，藏之无用之地以陆沈。山林之中，钟鼓陈焉，寂寞之野，时闻雷声。且无用者，又有用也。不龟手之药，既以治国矣。杀一物而甚安者，物物甚安焉；苏援一技而入微者，无所往而不进于道也。"
　　于是康子翻然捐弃其故。洗心藏密，冥神却扫；摊碑摘书，弄翰飞素。千碑百记，钩舞是富。发先识之复疑，窍后生之宧奥。是无用于时者之假物以游岁莫也。

国朝多言金石，寡论书者。惟泾县包氏，铄之扬之，今则挚子衍之，凡为二十七篇。永惟作始于戊子之腊，实购碑于宣武城南南海馆之汗漫舫，老树僵石，证我古墨焉；归欤于己丑之腊，乃理旧稿于西樵山北银塘乡之澹如楼，长松败柳，侍我草"玄"焉。凡十七日至除夕述书讫，光绪十五年也。述书者，西樵山人康祖诒长素父也。

康有为

公车上书（节选）
光绪二十一年四月初八日

具呈举人康祖诒等，为安危大计，乞下明诏，行大赏罚，迁都练兵，变通新法，以塞和款而拒外夷，保疆土而延国命，呈请代奏事：

窃闻与日本议和，有割奉天沿边及台湾一省，补兵饷二万万两及通商苏、杭，听机器洋货流行内地，免其厘税等款，此外尚有缴械、献俘、迁民之说。阅《上海新报》，天下震动，闻举国廷诤，都人惶骇。又闻台湾臣民不敢奉诏，思戴本朝。人心之固，斯诚列祖列宗及我皇上深仁厚泽，涵濡煦覆，数百年而得此。然伏下风数日，换约期迫矣，犹未闻明诏赫然峻拒日夷之求，严正议臣之罪。甘忍大辱，委弃其民，以列圣艰难缔搆而得之，一旦从容误听而弃之，如列祖列宗何？如天下臣民何？然推皇上孝治天下之心，岂忍上负宗庙，下弃其民哉！良由误于议臣之言，以谓京师为重，边省为轻，割地则都畿能保，不割则都畿震惊，故苟从权宜，忍于割弃也。又以群议纷纭，虽力摈和议，而保全大局，终无把握，不若隐忍求和，犹苟延旦夕也。又以为和议成后，可十数年无事，如庚申以后也。左右贵近，论率如此。故盈廷之言，虽切而不入，议臣之说，虽辱而易行，所以甘于割地弃民而不顾也。

窃以为弃台民之事小，散天下民之事大，割地之事小，亡国之事大，社稷安危，在此一举。举人等栋折榱坏，同受倾压，故不避斧钺之诛，犯冒越之罪，统筹大局，为我皇上陈之。

何以谓弃台民即散天下也？天下以为吾戴朝廷，而朝廷可弃台民，即可弃我，一旦有事，次第割弃，终难保为大清国之民矣。民心先离，将有土崩瓦解之患。《春秋》书梁亡者，梁未亡也，谓自弃其民，同于亡也。故谓弃台民之事小，散天下民之事大。日本之于台湾，未加一矢，大言恫

喝，全岛已割。诸夷以中国之易欺也，法人将问滇、桂，英人将问藏、粤，俄人将问新疆，德、奥、意、日、葡、荷皆狡焉思启。有一不与，皆日本也，都畿必惊。若皆应所求，则自啖其肉，手足腹心，应时尽矣，仅存元首，岂能生存？且行省已尽，何以为都畿也？故谓割地之事小，亡国之事大。此理至浅，童愚可知，而以议臣老成，乃谓割地以保都畿，此敢于欺皇上、愚天下也。此中国所痛哭，日本所阴喜，而诸夷所窃笑者也。

诸夷知吾专以保都畿为事，皆将阳为恐吓都畿而阴窥边省，其来必速。日本所为日日扬言攻都城，而卒无一炮震于大沽者，盖深得吾情也。恐诸夷之速以日本为师也，是我以割地而鼓舞其来也。皇上试召主割地议和之臣，以此诘之，度诸臣必不敢保他夷之不来，而都畿之不震也。则今之议割地弃民何为乎？皇上亦可以翻然独断矣。或以为庚申和后二十年，乃有甲申之役，二十年中可图自强，今虽割弃，徐图补救。此又敢以美言欺皇上、卖天下者也。

夫治天下者势也，可静而不可动，如箭之在栝，如马之在埒，如决堰陂之水，如运高山之石，稍有发动，不可禁压。当其无事，相视莫敢发难，当其更变，朽株尽可为患。……甲午以前，吾内地无恙也，今东边及台湾一割，法规滇、桂，英规滇、粤及西藏，俄规新疆及吉林、黑龙江，必接踵而来，岂肯迟迟以礼让为国哉？况数十国之逐逐于后乎？譬大病后，元气既弱，外邪易侵，变症百作，岂与同治之时，吾国势犹盛，外夷窥伺情形未洽比哉！且民心既解，散勇无归，外患内讧，祸在旦夕，而欲苟借和款求安目前，亡无日矣，今乃始基耳。症脉俱见，不待卢扁，此举人等所为日夜忧惧，不惮僭越，而谋及大计也。

夫言战者，固结民心，力筹大局，可以图存。言和者，解散民体，鼓舞夷心，更速其亡。以皇上圣明，反覆讲辩，孰利孰害，孰得孰失，必当独断圣衷，翻然变计者。不揣狂愚，统筹大计，近之为可战可和，而必不致割地弃民之策，远之为可富可强，而必无敌国外患之来。伏乞皇上下诏鼓天下之气，迁都定天下之本，练兵强天下之势，变法成天下之治而已。

何谓鼓天下之气也？天下之为物，譬犹器也，用其新而弃其陈，病乃不存。水积为淤，流则不腐；户闭必坏，枢则不蠹；炮烧则晶莹，久置则生锈；体动则强健，久卧则委弱。况天下大器，日摩洗振刮，犹恐尘垢，置而不用，坏废放失，日趋于敝而已。今中国人民咸怀忠义之心，非不可用也，而将吏贪懦，兵士怯弱，乃至闻风哗溃，驯至辱国请和者，得无皇上未有以鼓其气耶？是有四万万之民，而不善用之也。伏念世祖章皇帝手定天下，开创之圣人也，而顺治十八年中，责躬之诏屡下。穆宗毅皇帝手定艰难，中兴之盛功也，而同治元、二年间罪己之诏至切。天下臣民，伏读感泣，踊跃愤发，然后知列圣创定之功，所由来也。《传》谓："禹、汤罪己，兴也勃焉。"唐臣陆贽谓："以言感人，所感已浅，言犹不善，人谁肯怀？"今日本内犯，震我盛京，执事不力，丧师失地，几惊陵寝，列圣怨恫，皇上为人子孙，岂无有震动厥心者乎？然于今经年，未闻有罪己之诏，责躬咎厉，此枢臣辅导之罪，宜天下之有望于皇上也。

伏乞皇上近法列圣，远法禹、汤，特下明诏，责躬罪己，深痛切至，激励天下，同雪国耻，使忠臣义士读之而流涕愤发，骄将懦卒读之而感愧忸怩。士气耸动，慷慨效死，人怀怒心，如报私仇，然后皇上用其方新之气，奔走驰驱，可使赴汤蹈火，而岂有闻风哗溃者哉？此列圣善用其民之成效也，故罪己之诏宜下也。皇上既赫然罪己，则凡辅佐不职、养成溃痈、蔽惑圣聪、主和辱国之枢臣，战阵不力、闻风逃溃、克扣军饷、丧师失地之将帅，与夫擅许割地、辱国通款之使臣，调度非人、守御无备之疆吏，或明正典刑，以寒其胆，或轻予褫革，以蔽其辜，诏告天下，暴扬罪状。其余大僚尸位、无补时艰者，咸令自陈，无妨贤路。庶几朝政肃然，海内吐气，忭颂圣明，愿报国耻，此明罚之诏宜下也。

大奸既黜，典刑既正，然后悬赏功之格，为不次之擢。将帅若宋庆、依克唐阿，疆吏若张之洞、李秉衡，谅山旧功若冯子材，皆有天下之望，宜有以旌之。或内综枢柄，或外典畿疆，以鼓舞天下。夫循资格者可以得庸谨，不可以得异材；用耆老者可以为守常，不可以为济变。不敢言远者，请以近事言之。当同治初年，沈葆桢、李鸿章、韩超皆以道员擢为巡抚，阎敬铭则由臬司擢抚山东，左宗棠则以举人部员赏三品卿督办军务，刘蓉且以诸生擢四川藩司，逾月授陕西巡抚，用能各展材力，克佐中兴。若汉武帝之用才，明太祖之任吏，皆用不次之拔擢，不测之刑威，用能奔走人才，克成功业。伏读《世祖章皇帝圣训》，屡诏举天下之才，下至山林隐逸，举贡生监，佐贰杂职，皆引见擢用，此诚圣主鼓动天下之盛心也。

今日变甚急，天下未为乏才，而未闻明诏有求才之举，似非所以应非

常之变也。夫有非常之事变，即有非常之才应之，同治中兴之臣，率多草泽之士。宋臣苏轼谓："智名勇功之人，必有以养之。"伏乞诏下九卿翰詹科道督抚两司，各举所知，不论已仕未仕，引见擢用，随才器使。昔汉高之于樊哙，每胜增其爵级，其于韩信，一见即拜大将。凡有高才，不次拔擢，天下之士，既怀国耻，又感知遇，必咸致死力，以报皇上，故求才之诏宜下也。夫人主所以驾驭天下者，爵赏刑罚也。赏罚不行，则无以作士气；赏罚颠倒，则必至离民心。今闻日本要我以释丧师之将，是欲以散众志而激民变也。苟三诏既下，赏罚得当，士气咸伸，天下必踊跃鼓舞，奔走动容，以赴国家之急，所谓下诏鼓天下之气者此也。

何谓定天下之本也？自古都畿皆凭险阻，自非周公盛德，不敢以洛邑为都，故娄敬挽辂，汉祖移驾，宋汴梁无险，致敌长驱，徽、钦之辱，非独失德使然也。方今旅顺已失，威海既堕，海险无有，京师孤立。近自北塘、芦台、神堂、涧河，远自山海、抚宁、昌黎、乐亭、清河、蚕沙，处处可入，无以为防守之计。此次和议即成，而诸夷窥伺，皆可扬帆而达津、沽。《易》曰："王公设险，以守其国。"险既失矣，国何可守？故今日大计，必在迁都。请以前事言之。我朝当道光之时，天下全盛，林则徐督粤，邓廷桢督闽，叠败英酋朴鼎查、额尔金之兵，而移师天津，即开五口，而补二千万矣。其后道光二十九年、咸丰六年、咸丰八年皆始战终和，藉京师以为要挟，诸口益开，巨款累偿。暨庚申之变，我文宗显皇帝，至为热河之狩，焚烧御园，震惊宗庙。至今万寿山营缮虽新，余烬尚在。由是洋人掉臂都畿，知吾虚实。此事非远，皆诸臣所目击前车易鉴者也。寻五十年来，吾大臣用事及清流进议者，不深维终始，高谈战事，及震动津、沽，宫廷惶骇，则必以战无把握，输款求和。于是尸位无耻之流累藉和议以容身，朝廷虽深知主战之直，必不见从；亦明知议和之非，俯徇所请。盖实患既至，非复空言所能抵塞。故外夷所累藉以胁制者，皆以吾京师近海之故，彼虽小丑，无求不得，吾虽大胜，终必请和，亦既彰明较著矣。用事者既不早为自强之谋，又不预作迁都之计，夷衅既开，虚憍空谈，相与言战，及稍败衄，震动畏缩，苟幸得和，乃至割根本之地，弃千万之民，而亦为之，其不智而失计亦甚矣。以今事言之，吾所以忍割地弃民者，为保都畿、安乘舆也，微论将来外夷继轨，都畿终不能保，乘舆终必致惊，而以区区十里之城，弃千里之地、十兆之民以易之，甚非策也。以后事料之，诸夷知我之专保都畿也，咸借端开衅，阳攻都畿以索边省，我必将尽割沿边十余省，以保都畿，是弃天下万里之地、数万万之民，以易区区之都城也。

夫王者有都以治天下耳，岂有割天下以保都城而恃为至计哉？以五十年来前后今事考之，吾之款和输割，皆为都畿边海之故，其事易徵，其理易明。昔者苟能自强，虽不迁都，犹可立国，今日虽欲自强，而外夷连轨，计不及待，故非迁都，智者无所骋其阴，勇者无所竭其力，必将坐困胁割尽而后已。夫以一都城之故而亡其国，岂不痛哉！故今日犹言不迁都者，非至愚病狂，则甘心鬻国。大臣既不能预鉴于前，而至辱国，又不补救于后，必至丧邦。皇上圣明，试以诘难诸臣，当无从置喙，或下群臣集议，当亦从同。而后宸衷独断，定议迁都，以安宗庙而保疆土，无逾于此。或谓我能往寇亦能往，我迁都以避，寇深入以争，自古迁都之谋，皆遂为偏安之计，此明臣于谦所以力争，而庚申所以止议也。不知古今异形，今昔殊势，外夷政由议院，爱惜民命，用兵甚慎，不敢深入，与古不同，今日本用兵已可概见。我即迁都，可以边战，虽边沿糜烂，而朝廷深固，不为震慑，即无所胁制，主和者无所容其身，主战者得以激其气，岂不鉴于五十年事，而尚以为孤注哉！独不畏徽、钦之辱乎？

或谓国君有死社稷之义，此尤不达经义之訾言也。夫国君者诸侯之谓，以社稷受之天子，当死守之，犹今地方有司，有城池之责比耳。若天子以天下为家，四方皆可建都立社，何一城之为？明庄烈帝既为愚儒所误，明社遂屋。岂可复以此再误我国家哉！且一朝而有数都，自古为然，商凡七迁，周营三邑，汉室二京，唐世两都。及明祖定鼎金陵，永乐乃迁燕蓟，以太子留守南京，宫殿官僚，悉仍旧制，择有司扈从，行在庙社官署，随时增修，永分两京，可以为法。若夫建都之地，北出热河、辽沈，则更迫强敌；南入汴梁、金陵，则非控天险；入蜀则太深，都晋则太近。天府之腴，崤、函之固，莫如秦中。近虽水利不开，漕运难至，然都畿既建，百货自归，若藉机器、督散军，亦何水利之不开哉？

夫京都建自辽、金，大于元、明，迄今千年，精华殆尽。近岁西山崩裂，屡年大水，城垣隳圮，闾阎房屋倾坏无数。甚者太和正门、祈年法殿无故而灾，疑其地气当已泄尽。王者顺天，革故鼎新，当应天命，谓宜舍燕蓟之旧京，宅长安为行在。然人情乐于守常，难于移动，以盘庚迁殷，

诚谕至烦三诰；以魏文迁洛，世臣犹有违言。盖世臣大家，辎重繁多，迁徙不易，听其恋旧，庶免阻挠，自非大有为之君，不易破寻常之论。魏文南征，永乐北伐，皆借巡幸留而作都。皇上既讲明利害，远之防诸夷之联镳，近之拒日本之挟制，急断乃成，亟法汉高，即日移驾奉皇太后巡于陕西，六龙西幸，万人欢庆。幸当议和之时，民心稍静，择亲藩之望重者留守旧京；车驾从容西狩，择百司扈从，以重兵拥卫，必不虑宵小生心。日人虽欲轻兵相袭，数日乃抵津、沽，而我大兵云集都畿，犹可一战，彼岂敢深入内地，飞越四天门潼关之险哉？然后扼守函、潼，奠定丰、镐，建为行在，权宜营置，激励天下，妙选将才，总屯重兵，以二万万之费改充军饷，示之以虽百战百败，沿海糜烂，必不为和。日本既失胁制之术，即破旧京，不足轻重，必不来攻，都城可保。或俯就驾驭，不必割地，和议亦成；即使不成，可以言战矣。故谓迁都以定天下之本者此也。

何谓强天下之势也？凡两物相交，必有外患，兽有爪牙之卫，人有甲胄之蔽，列国并立，兵者国之甲胄也。昔战国之世，魏有武卒，齐有轻骑，秦有武士。楚庄投袂，屡及剑及，即日伐宋。盖诸国并骋，无日不训讨军实，国乃可立。今环地球五十余国，而泰西争雄，皆以民为兵，大国练兵至百余万。选兵先以医生视其强弱，乃入学堂学习布阵骑击测量绘画。其阵法营垒器械枪炮，日夕讲求，确有程度。操练如真战，平居如临敌，所由雄视海内也。日本步武其后，遂来侮我。而我犹守大一统之旧以待之，不训兵备，至有割地款和之事。今日氛未已，不及精练，然能将卒相知，共其甘苦，器械精利，壮其胆气，亦自可用，选将购械，犹可成军。

夫用兵者，用其气也。老将富贵已足，无所愿望，或声色销铄，精气竭衰，暮气已深，万不能战。即或效忠，一死而已，丧师辱国，不可救矣。近者杨芳失律于粤城，鲍超骄蹇于西蜀，令彼再如为兵时跳身坐炮眼上，岂可得哉？此赵惠所以致疑于廉颇，光武所以不用马援也。伏读《圣祖仁皇帝圣训》，亦以老将气衰不能用，此真圣人之远谟也。惟少年强力，贱卒怀赏，故敢轻万死以求一生。故选将之道，贵新不贵陈，用贱不用贵。且外夷战备日新，老将多恃旧效，昧于改图，故致无功。今请更练重兵，以待敌变。都畿根本至重，必有忠勇谋略下士爱民之督抚如李秉衡之流者，专督畿辅之军，假以便宜，令其密选将才十人，不拘资格，各练十营,日夜训练,励以忠义,激以国耻,择其精悍,优其饷糈,以为选锋。既有李克用之义儿、李成梁之家丁,缓急可恃,得此五万,都畿可守,再有将才,可以续练。前敌之宋庆、魏光焘、李光久,宿将之冯子材,并一时人望,可咨以将才,假以便宜,悉用选锋,励以仇耻。沿边疆臣,亦宜选振作有为之人,不宜用衰老资格之旧,各选将才,各练精兵万人。并饬绅士各自团练,遇有警迫,坚壁清野。并请敕下群臣,外至守令,传谕绅士有忠义沈毅慷慨知兵之士,不拘资格,悉令荐举,引见拔用,或交关内外军差遣。各县草泽中,皆有魁梧任气忠勇谋略之士,责令州县各荐一人,拔十得一,才不可胜用,必有干城之选,足应国家之急者。是谓选将。

《管子》谓:"器械不精,以卒予敌。"外夷讲求枪炮,制作日新。枪则德有得来斯枪、毛瑟枪,法有沙士钵枪,英有亨利马梯尼枪,美有哈乞开司枪、林明敦枪、秘薄马地尼枪,俄有俾尔达奴枪,而近者英之黎姆斯枪为尤精。炮自克虏伯炮、嘉立炮外,近有毒烟开花炮、空气黄药大炮,以及暗炮台、水底自行船、机器飞车、御弹戎衣、测量炮子表,巧制日新。日本步武泰西,亦能自制新器,曰苗也理枪。而我中国未能创制,只购旧式,经办委员不解制造,于坚轻远准速无所谙晓,或以旧枪改充毛瑟,贪其价廉,乃不可用,其中饱者益无论。闻近来所购者,多暹罗废枪,香港以二两八钱购得,而中国以十二两购之。查同治十三年,德之攻法,每分时枪十余响。光绪三年,俄之攻土,枪三十余响。至日之犯我,枪乃六十余响。我师溃败,虽将士不力,亦器械不精,故胆气不壮,有以致之。故吾非悬重赏,以励新制,不足取胜。今不及办,宜选精于制造操守廉洁之士,专购英黎姆斯枪十数万,以备前敌,并广购毒烟空气之炮,御弹之衣,庶器械精利,有恃无恐,是谓购械。又我南洋诸岛民四百万,虽久商异域,咸戴本朝,以丧师割地为诸夷姗笑,其怀愤怒过于内地之民。其人富实巨万之资以数千计,通达夷情,咸思内归中国,团成一军,以雪国耻。特去天万里,无路自通。若派殷商,密令举办,派公忠智略通达商情之大臣领之,或防都畿,或攻前敌,并令联通外国,助攻日本,或有奇功。所谓练兵以强天下之势者此也。

然凡上所陈,皆权宜应敌之谋,非立国自强之策也。伏念国朝法度,因沿明制数百年矣。物久则废,器久则坏,法久则弊。官制则冗散漫数,

甚且鬻及监司，教之无本，选之无择，故营私交贿，欺饰成风，而少忠信之吏。学校则教及词章诗字，寡能讲求圣道，用非所学，学非所用，故空疏愚陋，谬种相传，而少才智之人。兵则绿营老弱，而寡勇皆乌合之徒。农则地利未开，而工商无制造之业。其他凡百积弊，难以遍举。而外国奇技淫巧，流行内地，民日穷匮，乞丐遍地，群盗满山，即无外衅，精华已竭，将有他变。方今当数十国之觊觎，值四千年之变局，盛暑已至而不释重裘，病症已变而犹用旧方，未有不喝死而重危者也。

窃以为今之为治，当以开创之势治天下，不当以守成之势治天下，当以列国并立之势治天下，不当以一统垂裳之势治天下。盖开创则更新百度，守成则率由旧章，列国并立则争雄角智，一统垂裳则拱手无为。言率由而外变相迫，必至不守不成，言无为而诸国交争，必至四分五裂。《易》曰："穷则变，变则通。"董仲舒曰："为政不调，甚者更张，乃可为理。"若谓祖宗之法不可变，则我世祖章皇帝何尝不变太宗文皇帝之法哉？若使仍以八贝勒旧法为治，则我圣清岂能久长安治乎？不变法而割祖宗之疆土，驯至于亡，与变法而光宗庙之威灵，可以大强，孰轻孰重，孰得孰失，必能辨之者。不揣狂愚，窃为皇上筹自强之策，计万世之安，非变通旧法，无以为治。变之之法，富国为先。户部岁入银七千万，常岁亦已患贫，大农仰屋，罗掘无术，鬻官税赌，亦忍耻为之，而所得无几。然且旱潦河灾，船炮巨帑，皆不能举。闻日本索偿二万万，是使我臣民上下三岁不食，乃能给之。若借洋债，合以利息扣折，百年亦无偿理，是自毙之道也。与其以二万万偿日本，何如以二万万外修战备、内变法度哉？

夫富国之法有六：曰钞法，曰铁路，曰机器轮舟，曰开矿，曰铸银，曰邮政。今奇穷之余，急筹巨款，而可以聚举国之财，收举国之利，莫如钞法。令天下银号报明资本，皆存现银于户部及各省藩库，户部用精工制钞，自一至百，量其多少，皆给现银之数，而加其半，许供赋税禄饷。其大者户部皆助资本，其亏者户部皆代摊偿，助其流通，昭彰大信。巨商乐借国力，富户不患倒亏。以十八行省计之，可得万万。既有官银行，上下相通，若有铁路船厂大工，可以代筹军务赈务，要需可以立办。国家借款，不须重息中饱，外国汇款，无须关票作押。公票寄存，可有入息，钞票通行，可扩商务。今各省皆有银票钱票，而作伪万种，利不归公，何如官中为之，骤可富国哉！此钞票宜行一。

可缩万里为咫尺，合旬月于昼夜，便于运兵，便于运械，便于赈荒，便于漕运，便于百司走集，便于庶士通学，便于商贾运货，便于负担谋生，便于通言语一风俗，有此数便，不费国帑而更可得数千万者，莫如铁路。铁路之利，天下皆知，山海关外，久已兴筑，方今运兵，其效已见，所未推行直省者，以费巨难筹耳。若一付于民，出费给牌，听其分筑，官选通于铁路工程者，画定行省郡县官路，明定章程，为之弹压保护。凡军务、运兵、运械、赈荒，皆归官用，酌道里远近，人数繁寡，收其牌费。吾民集款，力自能举，无使外国收我利权。天下铁路牌费，西人计之，以为可得七千万，且可移民出于边塞，而荒地辟为腴壤，商货溢于境外，而穷间化作富民。俄人珲春铁路将成，边患更迫，但为防边已当亟筑，况可得巨款哉？且可裁漕运而省千万之需，去驿铺而溢三百万之项。此铁路宜行二。

机器厂可兴作业，小轮舟可便通达。今各省皆为厉禁，致吾技艺不能日新，制作不能日富，机器不能日精，用器兵器皆多窳败，徒使洋货流行，而禁吾民制造，是自蹙其国也。官中作厂，率多偷减，敷衍欺饰，难望致精，则吾军械安有起色。德之克虏伯，英之黎姆斯，著于海内，为国大用，皆民厂也。宜纵民为之，并加保护。凡作机器厂者，出费领牌，听其创造。轮舟之利，与铁路同。官民商贾，交收其益，亦宜纵民行之，出费领牌，听其拖驶，可得巨款。此机器轮舟宜行三。

《周官》矿人，汉代铁官，开矿之法久矣。美人以开金银之矿，富甲四海，英人以开煤铁之矿，雄视五洲，其余各国开矿，均富十倍。而藏富于地，中国为最，如云南铜、锡，山西、贵州煤、铁，湖广、江西铜、铁、铅、锡、煤，山东、湖北铅，四川铜、铅、煤、铁，其最著者。亘古封禁，留待今日。方今国计日蹙，虽极节俭，岂能济此艰难哉？家有重宝，而仰屋嗟贫，无策甚矣。山西煤、铁尤盛，星罗棋布有百三十万方里，苗皆平衍，品亦上上，德人以为甲于五洲，地球用之千年不尽。又外蒙古阿尔泰山即金山也，长袤数千里，金产最盛，苗亦平衍，有整块数斤者，俄人并为察验绘图。至滇、粤之矿，尤为英、法所窥伺，我若不开，他人入室。今云南已专设矿务大臣，热河、开平亦设官局，并著成效；而未见大利者，由矿学之未开，采办之非人也。矿学以比国为最，自山色石纹草木苗脉子色，皆有专书。宜开矿学，专延比人教之，且为踏勘。购机

器以省人工，筑铁路以省转运，二十取一而无定额税，选才督办而无滥私人，则吾金、银、煤、铁之富可甲地球。此矿务宜开四。

钱币三品以通有无，其制最古。自濠镜通商，洋银流入中国，渐遍内地，及于京师。观其正朔，则耶稣之年号，而非吾之纪元也，是谓无正朔。考其漏卮，则每岁运入约数百万，进口无税，八成夹铅，而换我足银，市价涨落，七钱二分之重，或有涨至八钱者，多方折耗，是谓大漏卮。名实俱亡，吾政之失，孰大于是。而吾元宝及锭，形体既难握携，分两又无一定，有加耗、减水、折色、贴费之殊，有库平、规平、湘平、漕平之异，轻重难定，亏耗滋多。而彼重率有定，体圆易握，人情所便，其易流通固也。查泰西皆用本国之银，如俄用卢布，法用马克，德、奥用福禄林，英用喜林，外国银钱不许通用。我宜自铸银钱，以收利权。今广东已开局铸银，但患经费不敷，未能扩充以铸大圆耳。夫金银质软，只用九成。查美国铸银，每刻可成大圆一千二百，而每圆之利，三分移作制造之费，犹有余饶，利亦厚矣。请饬下户部，预筹巨款，并令各行省皆开铸银局，其花纹年号，式样成色，皆照广东铸造，增置大圆。由督抚选廉吏精明专司此局，厚其薪水，严其刑罚，督抚以时月抽提户部，以化学核验。他日矿产既盛，增铸金钱，抵禁洋圆，改铸钱两，令严而民信，可以塞漏卮而存正朔矣。此铸银宜行者五。

我朝公牍文移、谕旨奏折，皆由塘驿汛铺传递，而军务加紧，又有驿马遍布天下。设官数百，养夫数万，岁费帑三百万两，而民间书札不得过问。资费厚重，犹复远寄艰难，消息浮沉，不便甚矣！查英国有邮政局寄带公私文书，境内之信费钱二十，马车急递，应时无失，民咸便之，而岁入一千六百余万。我中国人四万万，书信更多，若设邮政局以官领之，递及私书，给以凭样，与铁路相辅而行，消息易通，见闻易广，而进坐收千余万之款，退可省三百万之驿，上之利国，下之便民。此邮政宜行六。

行此六者，国不患贫矣；然百姓匮乏，国无以为富也。中国生齿，自道光时已四万万，今经数十年休养生息，不止此数。而工商不兴，生计困蹙，或散之他国为人奴隶，或啸聚草泽蠹害乡邑，虽无外患，内忧已亟。夫国以民为本，不思养之，是自拔其本也。

养民之法：一曰务农，二曰劝工，三曰惠商，四曰恤穷。天下百物皆出于农，我皇上躬耕，皇后亲蚕，董劝至矣。而田伪之官未立，土化之学不进，北方则苦水利不辟，物产无多，南方则患生齿日繁，地势有限，遇水旱不时，流离沟壑，尤可哀痛，亟宜思良法以救之。外国讲求树畜，城邑聚落皆有农学会，察土质，辨物宜。入会则自百谷、花木、果蔬、牛羊牧畜，皆比其优劣，而旌其异等。田样各等，机车各式，农夫人人可以讲求。鸟粪可以肥培壅，电气可以速长成，沸汤可以暖地脉，玻罩可以御寒气，刈禾则一人可兼数百工，播种则一日可以三百亩。择种一粒，可收一万八百粒，千粒可食人一岁，二田可养人一家。瘠壤变为腴壤，小种变为大种，一熟可为数熟。吾地大物博，但讲之未至，宜命使者译其农书，遍于城镇，设为农会，督以农官。农人力薄，国家助之。比较则弃楛而从良，鼓舞则用新而去旧，农业自盛。若丝茶为中国独擅，恃为大利，而近年意大利、法兰西、日本皆讲蚕桑，印度、锡兰茶叶与吾敌，夺我之利，致吾衰减至千余万。而吾养蚕未善，种茶未广，再不讲求，中国之利源塞矣。宜设丝茶局，开丝茶学会，力求振兴，推行各省。其余东南种棉、蔗，西北讲牧畜。棉以纺织，蔗以为糖，牛毛之毳，可以织呢绒毡毯，以及沙漠可以开河种树，海滨可以渔网取鱼。种树之利，俄在西伯利部岁入数百万。渔人之计，美之沿海可得千余万。今材木之运，罐头之鱼，中国销流甚盛，宜有以抵拒之。又美国养蜂，西人以为能尽其利，所入等于旧金山之金矿，宜有以鼓劝之。此务农宜行一也。

《周官》考工，《中庸》劝工。诸葛治蜀，工械技巧，物究其极；管仲治齐，三服女工，衣被天下。木牛之制，指南之车，富强之效也。尝考欧洲所以骤强之由，自嘉庆十二年英人始制轮船，道光十二年即犯我广州，遂辟诸洲属地四万里。自道光二十五年后铁路创成，俄人以光绪二年筑铁路于黑海、里海，开辟基洼、阿尔霸等国六千里。其余电线、显微镜、德律风、传声筒、留声筒、轻气球、电气灯、农务机器，虽小技奇器，而皆与民生国计相关。若铁舰、炮械之精，更有国者所不能乏。前大学士曾国藩手定大难，考知西人自强之由，创议开机器之局。近者各直省渐为增设，而只守旧式，绝无精思，创为新制，盖国家未尝教之也。宜令各州县咸设考工院，译外国制造之书，选通测算学童，分门肄习，入制造厂阅历数年。工院既多，图器渐广，见闻日辟，制造日精，凡有新制绘图贴说，呈之有司，验其有用，给以执照，旌以功牌，许其专利。工人自为身名，必殚精竭虑，以求新制。枪炮之利，器用之精，必有以应国家之用者。彼

克虏伯炮、毛瑟枪,为万国所必需,皆民造也。查美国岁给新器功牌一万三千余,英国三千余,法国千余,德国八百,奥国六百,意国四百,比利时、嗹国、瑞士皆二百余,俄国仅百余,故美之富,冠绝五洲。劝工之法,莫善于此。此劝工宜行二也。

凡一统之世,必以农立国,可靖民心;并争之世,必以商立国,可侔敌利,易之则困敝矣。故管仲以轻重强齐国,马希范以工商立湖南。且夫古之灭国以兵,人皆知之,今之灭国以商,人皆忽之。以兵灭人,国亡而民犹存;以商灭人,民亡而国随之。中国之受弊,盖在此也。今外国鸦片之耗我,岁凡三千三百万,此则人尽痛恨之,岂知洋纱、洋布,岁耗凡五千三百万。洋布之外,用物如洋绸、洋缎、洋呢、漳绒、羽纱、毡毯、手巾、花边、纽扣、针、线、伞、灯、颜料、箱箧、磁器、牙刷、牙粉、胰皂、火油,食品若咖啡、吕宋烟、夏湾拿烟、纸卷烟、鼻烟、洋酒、火腿、洋肉脯、洋饼、洋糖、洋盐、药水、丸粉、洋干果、洋水果,及煤、铁、铅、铜、马口铁、材料、木器、钟表、日规、寒暑针、风雨针、电气灯、自来水、玻璃镜、照相片,玩好淫巧之具,家置户有,人多好之。乃至新疆、西藏亦皆销流,耗我以万万计。而我自丝茶减色,不敌鸦片,其余自草帽辫、驼毛、羊皮、大黄、麝香、药料、绸缎、磁器、杂货不值三千万,仅得其洋布之半数。而吾民内地则有厘捐,出口则有重税,彼皆无之。吾物产虽盛,而岁出万万,合五十年计之,已耗万兆,吾商安得不穷?今日本且欲通及苏、杭、重庆、梧州,又加二万万之偿款。吾民精华已竭,膏血俱尽,坐而垂毙,弱者转于沟壑,强者流为盗贼,即无外患,必有不可言者。似宜特设通商院,派廉洁大臣长于理财者经营其事。令各直省设立商会、商学、比较厂,而以商务大臣统之,上下通气,通同商办,庶几振兴。商学者何?地球各国贸易条理繁多,商人愚陋,不能周识,宜译外国商学之书,选人学习,遍教直省,知识乃开,然后可收外国之利。商会者何?一人之识未周,不若合众议,一人之力有限,不若合公股,故有大会、大公司,国家助之,力量易厚,商务乃可远及四洲。明时葡萄牙之通澳门,荷兰之收南洋,英人乾隆时之取印度,道光时之犯广州,非其政府之力,乃其公司之权。盖民力既合,有国助之,不独可以富国,且可以辟地,商会所关,亦不小矣。比较厂者何?泰西赛会,非骋游乐,所以广见闻,发心思,辨良楛。凡物有比较,优劣易见,则劣者滞销，而优者必行。彼之货物流行中土，良由此法。今我并宜设立此厂，于是广纺织以敌洋布，造用物以敌洋货。上海造纸，关东卷烟，景德制窑，苏、杭织造，北地开葡萄园以酿酒，山东制野蚕茧以成丝，江北改土棉而纺纱，南方广蔗园而制糖，皆与洋货比较，精妙华彩，务溢其上。又令吾领事，探其所好，投其所欲，更出新制，且以夺其利，非止敌其货而已。然后蠲厘金之害以慰民心，减出口之税以扩商务。此外发金、银、煤、铁之利，足以夺五洲，制台、舰、枪、炮之精，可以横四海。故惠商宜行三也。

我生齿既繁，铁路未开，运货为难。即以北口之皮，京师之煤，天津之货，作货者人四百，而运货者人六百，生之者少，食之者多。其余穷困无业，游散无赖，所在皆是。京师四方观望，而乞丐遍地，其他孤老残疾，无人收恤，废死道路，日日而有。公卿士夫，车声隆隆，接轸不问，直省亦然。此皆皇上赤子也，皇上不忍匹夫之失所，但九重深居，清道乃出，不知之耳。若亲见其呼号无诉，脓疡卧道，岂忍目睹乎！以一人而养天下，势所不给，宜设法收恤之。恤之之法：一曰移民垦荒。西北诸省，土旷人稀，东三省、蒙古、新疆疏旷益甚，人迹既少，地利益以不开，早谋移徙，可以辟利源，可以实边防，非止养贫民而已。移有三：曰罪遣，今俄国徙希利尼党于西伯利部，而西伯利部以开。曰认耕，英之喀拿大新疆、般鸟各岛，美之密士失必河东南各省、巴西全国是也。曰贸迁，荷兰南洋诸岛，皆商留者也。英自移民之后，辟地过本国七十倍，民益繁盛，岂有苦其生齿之繁而弃之？今我民穷困，游散最多，为美人佣奴，然犹不许，且以见逐，澳洲、南洋各岛效之，数百万之民失业来归，何以安置？不及早图，或为盗贼，或为间谍，不可收拾。今铁路未成，迁民未易，若铁路成后，专派大臣以任此事，予以谋生之路，共有乐土之安。百姓乐生，边境丰实，一举数善，莫美于是。二曰教工。《周礼》有里布以罚不毛，圜土以警游惰。游民无赖，小之作奸，大之为盗，宜令州县设立警惰院，选善堂绅董司之。凡无业游民，皆入其中，择其所能，教以艺业。绅董以其工业鬻给其食，十一取之，以充经费，限禁出入，皆有程度。其有大工大役，以军法部署，俾充役作。其能改过取保乃放，再犯不赦。其小过犯人，皆附入之，等其轻重，以为岁月。其乞丐之非老弱残疾者，咸收于外院，工作如之。穷民得食，而良民赖安，仁政之施，似难缓此。三曰

养穷。鳏寡孤独,疲癃残疾,盲聋喑哑,断者侏儒,民之无告,先王最矜,皆常饩焉。宜令各州县市镇聚落,并设诸院,咸为收养,皆令有司会同善堂,劝筹巨款,妥为经理。其司事经理有效,穷民乐之,联名请奖,许照军功劳绩奖励,则无一夫之失所,其于皇仁岂为小补!民心固结,国势系于苞桑矣。故恤穷宜行四也。

然富而不教,非为善经,愚而不学,无以广才,是在教民。学校之设,选举之科,先王之法盛矣。然汉、魏以经学举孝廉,唐、宋以词赋重进士,明以八股取士,我朝因之,诵法朱子,讲明义理,亦可谓法良意美矣。然功令禁用后世书,则空疏可以成俗,选举皆限之名额,则高才多老名场。况得之则词馆而躐公卿,偕于旦夕;失之则耆硕不闻征聘,终老茅菅。题难故少困于搭截,知作法而忘义理;额隘故老逐于科第,求富贵而废学业。标之甚高,束之甚窄。甚至鉴于明末,因噎废食,上以讲学为禁,下以道学为笑,故任道之儒既少,才智之士无多,乃至嗜利无耻,荡成风俗,而国家缓急无以为用。法弊至此,亦不得不少变矣。若夫小民识字已寡,或有一省而无礼律之书,一县而无童蒙之馆,其为不教甚矣。

夫天下民多而士少,小民不学,则农工商贾无才。产物成器,利用厚生,既不能精;化民成俗,迁善改过,亦难为治,非覆帱群生之意也。故教有及于士,有逮于民,有明其理,有广其智。能教民则士愈美,能广志则理愈明。今地球既辟,轮路四通,外侮交侵,闭关未得,则万国所学,皆宜讲求。宋臣姚鋧谓:"我之所为,彼皆知之,彼之所为,我独不闻,安得不为所制乎!"尝考泰西之所以富强,不在炮械军兵,而在穷理劝学。彼自七八岁人皆入学,有不学者责其父母,故乡塾甚多。其各国读书识字者,百人中率有七十人。其学塾经费,美国乃至八千万。其太学生徒,英国乃至一万余。其每岁著书,美国乃至万余种。其属郡县,各有书藏,英国乃至百余万册。所以开民之智者亦广矣。而我中国文物之邦,读书识字仅百之二十,学塾经费少于兵饷数十倍,士人能通古今达中外者,郡县乃或无人焉。

夫才智之民多则国强,才智之士少则国弱。土耳其天下陆师第一而见削,印度崇道无为而见亡,此其明效也。故今日之教,宜先开其智。武科弓刀步石无用甚矣。《王制》谓:"裸股肱,决射御,出乡不与士齿。"此武后之谬制,岂可仍用哉!同治元年,前督臣沈葆桢请废武科,近年词臣潘衍桐请开艺学。今宜改武科为艺科,令各省州县遍开艺学书院。凡天文、地矿、医律、光重、化电、机器、武备、驾驶，分立学堂，而测量、图绘、语言、文字皆学之。选学童十五岁以上入堂学习，仍专一经，以为根本；延师教习，各有专门。学政有司会同院师，试之以经题一论，及专门之业，通半中选，不限名额，得荐于省学，谓之秀才，比之诸生。五年不成者出学。省学书器益多，见闻益广，学政督抚会同其院师，每岁试其专门之业，增以经一，论史一，考掌故一策，通半中选，不限名额，贡于京师，谓之举人。五年不成者出学。京师广延各学教习，图器尤盛，每岁总裁礼部会同大教习试之，其法与省学同，不限名次，及半中选，谓之进士。三年不成者出学。其进士得还为州县艺学总教习，其举人得为分教习，并听人聘用。其诸生得还教其乡学塾，及充作各厂。其文科童试，即以经古场为正场，自占经解一，专门之学一。二场试四书文一，中外策一，诗一，亦及格即取，不限名额。每场考试，人数不得过三百。增设学政，每道一人，可从容尽力矣。其乡会试，头场四书义一，五经解一，诗一，纵其才力不限格法，听其引用，但在讲明义理，宗尚孔子；二场掌故策五道；三场问外国考五道，及格者中，不限名额。殿试策问，不论楷法，但取直言极谏、条对剀切者入翰林。其文科、艺科愿互应者听。其有创著一书，发明新义，确实有用者，皆入翰林，进士授以检讨，举人授以庶吉士，诸生授以待诏。如是则天下之士，才智大开，奔走鼓舞，以待皇上之用。其余州县乡镇，皆设书藏，以广见闻。若能厚筹经费，广加劝募，今乡落咸设学塾，小民童子，人人皆得入学，通训诂名物，习绘图算法，识中外地理、古今史事，则人才皆可胜用矣。

《周官》诵方训方，皆考四方之慝，《诗》之《国风》《小雅》，欲知民俗之情。近开报馆，名曰新闻，政俗备存，文学兼述，小之可观物价，琐之可见土风。清议时存，等于乡校，见闻日辟，可通时务。外国农业、商学、天文、地质、教会、政律、格致、武备，各有专门，以为新报尤足以开拓心思，发越聪明，与铁路开通，实相表里，宜纵民开设，并加奖劝，庶裨政教。

然近日风俗人心之坏，更宜讲求挽救之方。盖风俗弊坏，由于无教，士人不励廉耻，而欺诈巧滑之风成，大臣托于畏谨，而苟且废弛之弊作。而六经为有用之书，孔子为经世之学，鲜有负荷宣扬，于是外夷邪教，得起而煽惑吾民。直省之间，拜堂棋布，而吾每县仅有孔子一庙，岂不可痛

哉！今宜亟立道学一科，其有讲学大儒，发明孔子之道者，不论资格，并加征礼，量授国子之官，或备学政之选。其举人愿入道学科者，得为州县教官。其诸生愿入道学科者，为讲学生，皆分到乡落，讲明孔子之道，厚筹经费，且令各善堂助之。并令乡落淫祠，悉改为孔子庙，其各善堂会馆俱令独祀孔子，庶以化导愚民，扶圣教而塞异端。其道学科，有高才硕学，欲传孔子之道于外国者，明诏奖励，赏给国子监、翰林院官衔，助以经费，令所在使臣领事保护，予以凭照，令资游历。若在外国建有学堂，聚徒千人，确有明效，给以世爵。余皆投牒学政，以通语言、文字、测绘、算法为及格，悉给前例。若南洋一带，吾民数百万，久隔圣化，徒为异教诱惑，将沦左衽，皆宜每岛派设教官，立孔子庙，多领讲学生分为教化。将来圣教施于蛮貊，用夏变夷，在此一举。且藉传教为游历，可诇夷情，可扬国声，莫不尊亲，尤为大义矣。

夫教养之事，皆由国政。而今官制太冗，俸禄太薄，外之则使才未养，内之则民情不达，若不变通，无以为教养之本也。天下之治，必由乡始。而今知县，选之既不择人望，任之兼责以六曹，下则巡检典史一二人，皆出杂流，岂任民牧？上则藩臬道府，徒增冗员，何关吏治？若京官则自枢垣台谏以外，皆为闲散，各部则自掌印主稿以外，徒縻廪禄。堂官则每署数四，而兼差反多；文书则每日数尺，而例案繁琐。至于鸳及监司，而吏治坏滥极矣。今请首停捐纳，乃改官制，用汉世太守领令长之制，唐代节度兼观察之条，每道设一巡抚，上通章奏，下领知县，以四五品京堂及藩臬之才望者充之。其知县升为四品，以给御编检郎员及道府之爱民者授之。其巡抚之下，增置参议、参军、支判，凡道府同通改授此官。其知县之下，分设功曹、决曹、贼曹、金曹，以州县进士分补其缺。其余诸吏，皆听诸生考充，渐拔曹长，行取郎官。其上总督，皆由巡抚兼管，各因都会，以为重镇。使吏胥之积弊，化为士人，三老之乡官，各由民举，整顿疏通，乃可为治。其京官则太常、光禄、鸿胪可统于礼部，大理可并于刑部，太仆可并于兵部，通政可并于察院，其余额外冗官，皆可裁汰，各营一职，不得兼官。章京领天下之事，宜分以诸曹，翰林为近侍之臣，宜轮班顾问。部吏皆听举贡学习，以升郎曹，通政准百僚奏事，以开言路。骈枝既去，宦途甚清，以彼冗縻，增此廪禄，令其达官有以为舆马傔从之费，而后可望以任事；其小吏有以为仰事俯畜之用，而后可责以守廉。若用魏、隋之制，予以世禄之田，既体群臣，庶多廉吏。

内弊既除，则外交宜讲。春秋子羽能知四国之为，汉武下诏，求通绝域之使。苏武不辱，富弼能争，列国交争，其任重矣。而今使才未养，不谙外务，重辱国体，为夷姗笑。今宜立使才馆，选举贡生监之明敏辨才者，入馆学习。其翰林部曹愿入者听。各国语言文字、政教律法、风俗约章，皆令学习。学成或为游历，或充随员，出为领事，擢为公使，庶几通晓外务，可以折冲。考俄、日之强也，由遣宗室大臣游历各国，又遣英俊子弟诣彼读书。俄主彼得，乃至易作工人，躬习其业，归而变政，故能骤强。我亲藩世爵大臣，与国休戚，启沃圣聪者也，而不出都城，寡能学问，非特不通外国之故，抑且未知直省之为，一旦执政，岂能有补？大臣固守旧法，习为因循，虽利国便民，力阻罢议，一误再误，国日以替。宜选令游历三年，讲求诸学，归能著书，始授政事。其余分遣品官，激励士庶，出洋学习，或资游历，并给凭照，能著新书，皆为优奖，归授教习，庶开新学。则上之可以赞圣聪，下之可以开风气矣。

夫中国大病，首在壅塞，气郁生疾，咽塞致死，欲进补剂，宜除噎疾，使血通脉畅，体气自强。今天下事皆文具而无实，吏皆奸诈而营私，上有德意而不宣，下有呼号而莫达。同此兴作，并为至法，外夷行之而致效，中国行之而益弊者，皆上下隔塞，民情不通所致也。夫以一省千里之地，而惟督抚一二人仅通章奏，以百僚士庶之众，而惟枢轴三五人日见天颜。然且堂帘迥隔，大臣畏谨而不敢尽言，州县专城，小民冤抑而未由呼吁。故君与臣隔绝，官与民隔绝，大臣小臣又相隔绝，如浮屠百级，级级难通，广厦千间，重重并隔。夫天下万物之繁，封圻千里之广，使督抚枢轴皆是大贤，然是数人者，心思耳目所及，必有未周，才力精神之运，必有不逮，以之运筹四海，措置百务，已狭隘不广矣。况知人之哲，自古为难，唐帝失之于共、兜，诸葛失之于马谡。任用偶误，一切乖方，而欲倚之以扶危定倾，经营八表，岂不难乎！天下人民四万万，庶士亿万，情伪百端，才智甚广，皇上仅寄耳目于数人，而数人者又畏懦保禄，不敢竭尽，甚且炀灶蔽贤，壅塞圣听，皇上虽欲通中外之故，达小民之厄，其道无由。名虽尊矣，实则独立于上，遂致有割地弃民之举，皇上亦何乐此独尊为哉？

夫先王之治天下，与民共之。《洪范》之大疑大事，谋及庶人为大同。《孟子》称进贤杀人，待于国人之皆可。盘庚则命众至庭，文王则与国人交。

《尚书》之四目四聪，皆由辟门。《周礼》之询谋询迁，皆合大众。尝推先王之意，非徒集思广益，通达民情，实以通忧共患，结合民志。昔汉有征辟有道之制，宋有给事封驳之条，伏乞特诏颁行海内，令士民公举博古今、通中外、明政体、方正直言之士，略分府县，约十万户，而举一人，不论已仕未仕，皆得充选，因用汉制，名曰议郎。皇上开武英殿，广悬图书，俾轮班入直，以备顾问。并准其随时请对，上驳诏书，下达民词。凡内外兴革大政，筹饷事宜，皆令会议于太和门，三占从二，下部施行。所有人员，岁一更换。若民心推服，留者领班，著为定例，宣示天下。上广皇上之圣聪，可坐一室而知四海；下合天下之心志，可同忧乐而忘公私。皇上举此经义，行此旷典，天下奔走鼓舞，能者竭力，富者纾财，共赞富强，君民同体，情谊交孚，中国一家，休戚与共。以之筹饷，何饷不筹？以之练兵，何兵不练？合四万万人之心以为心，天下莫强焉！然后用府兵之法，而民皆可兵，讲铁舰之精，而海可以战，……大雪国耻，耀我威棱。

昔德国相臣毕士麻克，尝以中国之大冠绝四洲，他日恐为欧罗之患，思与诸国分之，后以中国因循不足畏，议遂中止。今若百度更新，以二万里之地，四万万之人，二十六万种之物产，力图自强，此真日本之所大患，毕士麻克之所深忌，而欧罗巴洲诸国所窃忧也。以之西挞俄英、南收海岛而有余，何至含垢忍耻，割地请款于小夷哉？及今为之，犹可补牢，若徘徊迟疑，苟且度日，因循守旧，坐失事机，则诸夷环伺，间不容发，迟之期月，事变必来。后欲悔而改作，大势既坏，不可收拾，虽有圣者，无以善其后矣。

且夫天下大器也，难成而易毁；兆民大众也，难静而易动。故先王懔朽索之驭马，虑天命之无常，战战业业，若履渊冰。楚庄王之立国也，无日不训讨军实，虑祸至之无日，戒惧之不可怠；诸葛亮之佐蜀也，工械究极，用兵不戢，屡耀其武。率皆君臣上下，振刮摩厉，乃能自立。稍有因循，即怀、愍蒙尘，徽、钦见虏矣。近者土耳其为回教大国，不变旧法，遂为六大国割地废君而柄其政。日本一小岛夷耳，能变旧法，乃敢……侵我大国。前车之辙，可以为鉴。

自古非常之事，必待大有为之君。自强为天行之健，志刚为大君之德。《洪范》以弱为六极，大《易》以顺为阴德。《诗》曰："天之方侨，无为夸毗。"说者谓夸毗体柔之人也。伏惟皇上英明天亶，下武膺运，历鉴覆辙，独奋乾纲，勿摇于左右之言，勿惑于流俗之说，破除旧习，更新大政，宗庙幸甚！天下幸甚！夫无事之时，虽勋旧之言不能入；有事之世，虽匹夫之言或可采。举人等草茅疏逖，何敢妄陈大计，自取罪戾；但同处一家，深虞胥溺，譬犹父有重病，庶孽知医，虽不得汤药亲尝，亦欲将验方钞进。《公羊》之义，臣子一例，用敢竭尽其愚，惟皇上采择焉，不胜冒昧陨越之至。伏惟代奏皇上圣鉴。谨呈。

强学会序

俄北瞰，英西睒，法南瞵，日东眈，处四强邻之中而为中国，岌岌哉！况磨牙涎舌，思分其余者，尚十余国。辽、台茫茫，回变扰扰，人心皇皇，事势儳儳不可终日。

昔印度，亚洲之名国也，而守旧不变，乾隆时英人以十二万金之公司，通商而墟五印矣。昔土耳其，回部之大国也，疆土跨亚、欧、非三洲，而守旧不变，为六国执其政，剖其地，废其君矣。其余若安南，若缅甸，若高丽，若琉球，若暹罗，若波斯，若阿富汗，若俾路芝，及国于太平洋群岛、非洲者，凡千数百计，今或削或亡，举地球守旧之国，盖已无一瓦全者矣。

我中国孱卧于群雄之间，鼾寝于火薪之上，政务防弊而不务兴利，吏知奉法而不知审时，士主考古而不主通今，民能守近而不能行远，孟子曰："国必自伐，而后人伐之。"蒙盟、奉、吉、青海、新疆、卫藏土司圉徽之守，咸为异墟，燕、齐、闽、浙、江、淮、楚、粤、川、黔、滇、桂膏腴之地，悉成盗粮，吾为突厥黑人不远矣。

西人最严种族，仇视非类：法之得越南也，绝越人科举富贵之路，昔之达宦，今作贸丝也；英之得印度百年矣，光绪十五年始举一印人以充议员，自余土著，畜若牛马。若吾不早图，倏忽分裂，则桀黠之辈，王、谢沦为左衽；忠愤之徒，原、郤夷为皂隶。伊川之发，骈阗于万方；钟仪之冠，萧条于千里。三州父子，分为异域之奴；杜陵弟妹，各衔乡关之感。哭秦庭而无路，餐周粟而匪甘。矢成梁之家丁，则螳臂易成沙虫；觅渊明之桃源，则寸埃更无净土。肝脑原野，衣冠涂炭。嗟吾神明之种族，岂可言哉！岂可言哉！

夫中国之在大地也，神圣绳绳，国最有名，义理制度文物，驾于四溟，其地之广于万国等在三，其人之众等在一，其纬度处温带，其民聪而秀，其地腴而厚，盖大地万国未有能比者也；徒以风气未开，人才乏绝，坐受凌侮。昔曾文正与倭文端诸贤，讲学于京师，与江忠烈、罗忠节诸公，讲练于湖湘，卒定拨乱之功。普鲁士有强国之会，遂报法仇。日本有尊攘之徒，用成维新。盖学业以讲求而成，人才以摩厉而出，合众人之才力，则图书易庀，合众人之心思，则闻见易通。《易》曰："君子以朋友讲习。"《论语》曰："百工居肆，以成其事，君子学以致其道。"

海水沸腾，耳中梦中，炮声隆隆，凡百君子，岂能无沦胥非类之悲乎！图避谤乎。闭户之士哉！有能来言尊攘乎？岂惟圣清，二帝三王孔子之教，四万万之人将有托耶！

上清帝第五书

具呈工部主事康有为，为外衅危迫，分割洊至，急宜及时发愤，革旧图新，以少存国祚，呈请代奏事。

窃自马江败后，法人据越南，职于此时隐忧时事，妄有条陈，发俄、日之谋，指朝鲜之患。以为若不及时图治，数年之后，四邻交逼，不能立国。已而东师大辱，遂有割台赔款之事。于是外国蔑视，海内离心。职忧愤迫切，谬陈大计，及时变法，图保疆圉。妄谓及今为之，犹可补牢。如再徘徊迟疑，苟且度日，因循守旧，坐失事机，则外患内讧，间不容发。迟之期月，事变之患，旦夕可致，后欲悔改，不可收拾，虽有善者，无如之何。危言狂论，冒犯刑诛，荷蒙皇上天地之量，俯采刍荛，下疆臣施行，以图卧薪尝胆之治。职诚感激圣明，续有陈论，格未得达，旋即告归。去国二年，侧望新政，而泄沓如故，坐以待亡，土室抚膺，闭门泣血。顷果有德人强据胶州之事，要索条款，外廷虽不得其详，职从海上来，阅外国报，有革李秉衡索山东铁路矿务。传闻章高元及知县已为所掳。德人修造炮台兵房，进据即墨，并闻德王胞弟亲统兵来。俄、日屯买吾米各七百万，日本议院日日会议，万国报馆议论沸腾，咸以分中国为言。若箭在弦，省栝即发，海内惊惶，乱民蠢动。职诚不料昔时忧危之论，仓猝遽验于目前，更不料盈廷缄默之风，沈痼更深于昔日。瓜分豆剖，渐露机牙，恐惧回惶，不知死所。用敢万里浮海，再诣阙廷，竭尽愚诚，惟皇上自垂览而采择焉。

夫自东师辱后，泰西蔑视，以野蛮待我，以愚顽鄙我。昔视我为半教之国者，今等我于非洲黑奴矣。昔憎我为倨傲自尊者，今则侮我为聋瞽蠢冥矣。按其公法均势保护诸例，只为文明之国，不为野蛮，且谓剪灭无政教之野蛮，为救民水火。故十年前吾幸无事者，泰西专以分非洲为事耳。

今非洲剖讫，三年来泰西专以分中国为说，报章论议，公托义声，其分割之图，传遍大地，擘画详明，绝无隐讳。此尚虚声，请言实践。俄、德、法何事而订密约，英、日何事而订深交？土、希之役，诸国何以惜兵力而不用？战舰之数，诸国何以竞厚兵而相持？号于众曰："保欧洲太平。"则其移毒于亚洲可知。文其言曰："保教保商。"则其垂涎于地利可想。英国《泰晤士报》论德国胶事，处置中国，极其得宜。譬犹地雷四伏，药线交通，一处火燃，四面皆应，胶警乃其借端，德国固其嚆矢耳。

二万万膏腴之地，四万万秀淑之民，诸国眈眈，朵颐已久；慢藏海盗，陈之交衢；主者屡经抢掠，高卧不醒；守者袖手熟视，若病青狂；唾手可得，俯拾即是，如蚁慕膻，闻风并至，失鹿共逐，抚掌欢呼。其始壮夫动其食指，其后老稚亦分杯羹，诸国咸来，并思一脔。昔者安南之役，十年乃有东事；割台之后，两载遂有胶州，中间东三省、龙州之铁路，滇、粤之矿，土司野人山之边疆，尚不计矣。自尔之后，赴机愈急，蓄势益紧，事变之来，日迫一日。教堂遍地，无刻不可起衅；矿产遍地，无处不可要求。骨肉有限，剥削无已。且铁路与人，南北之咽喉已绝；疆臣斥逐，用人之大权亦失。浸假如埃及之管其户部，如土耳其之柄其国政；枢垣总署，彼皆可派其国人；公卿督抚，彼且将制其死命；鞭笞亲贵，奴隶重臣；囚奴士夫，蹂践民庶；甚则如土耳其之幽废国主，如高丽之祸及君后；又甚则如安南之尽取其土地人民，而存其虚号，波兰之宰割均分，而举其国土；马达加斯加以挑水起衅而国灭，安南以争道致命而社墟。蚁穴溃堤，衅不在大。职恐自尔之后，皇上与诸臣，虽欲苟安且夕，歌舞湖山而不可得矣，且恐皇上与诸臣，求为长安布衣而不可得矣。

后此数年，中智以下，逆料而知，必无解免。然其他事，职犹可先言之。若变辱非常，则不惟辍简而不忍著诸篇，抑且泣血而不能出诸口。处小朝廷而求活，则胡铨所羞；待焚京邑而忧惶，则董遇所鄙。此则职中夜屑涕，仰天痛哭，而不能已于言者也。

夫谓皇上无发愤之心，诸臣无忧国之意，坐以待毙，岂不宜然。然伏观皇上发愤之心，昭于日月；密勿重臣，及六曹九列之贤士大夫，忧国之诚，癯颜黑色，亦且暴著于人。顾日言自强，而弱日甚，日思防乱，而乱日深者何哉？盖南辕而北辙，永无税驾之时；缘木而求鱼，决无得鱼之日。职请质言其病，并粗举治病之方。《仲虺之诰》曰："兼弱攻昧，取乱

侮亡。"吾既自居于弱昧，安能禁人之兼攻？吾既日即于乱亡，安能怨人之取侮？不知病所，而方药杂投；不知变症，而旧方犹守，其加危笃，固也。职请以仲虺之说明之。

欧洲大国，岁入数千万万，练兵数百万，铁船数百艘，新艺新器岁出数千，新法新书岁出数万，农工商兵，士皆专学，妇女童孺，人尽知书。而吾岁入七千万，偿款乃二万万，则财弱；练兵铁舰无一，则兵弱；无新艺新器之出，则艺弱；兵不识字，士不知兵，商无学，农无术，则民智弱；人相偷安，士无侠气，则民心弱；以当东西十余新造之强邻，其必不能禁其兼者，势也。此仲虺兼弱之说可畏也。

大地八十万里，中国有其一；列国五十余，中国居其一。地球之通自明末，轮路之盛自嘉、道，皆百年前后之新事，四千年未有之变局也。列国竞进，水涨堤高，比较等差，毫厘难隐，故《管子》曰："国之存亡，邻国有焉。众治而己独乱，国非其国也。众合而己独孤，国非其国也。"顷闻中朝诸臣，狃承平台阁之习，袭簿书期会之常，犹复以尊王攘夷，施之敌国，拘文牵例，以应外人，屡开笑资，为人口实。譬凌寒而衣缔绤，当涉川而策高车，纳侮招尤，莫此为甚。咸、同之时，既以昧不知变而有今日矣。皇上堂陛尊崇，既与臣民隔绝；恭亲王以藩邸议政，亦与士夫不亲；吾有四万万人民，而执政行权，能通于上者，不过公卿台谏督抚百人而已。自余百僚万数，无由上达，等于无有。而公卿台谏督抚，皆循资格而致，既已裹足未出外国游历，又以贵倨未近通人讲求。至西政新书，多出近岁，诸臣类皆咸、同旧学，当时未有，年耄精衰，政事丛杂，未暇更新考求；或竟不知万国情状，其蔽于耳目，狃于旧说，以同自证，以习自安。故贤者心思智虑，无非一统之旧说；愚者骄倨自喜，实便其尸位之私图。有以分裂之说来告者，傲然不信也；有以侵权之谋密闻者，瞢然不察也；语新法之可以兴利，则瞋目而诘难；语变政之可以自强，则掩耳而走避；老吏舞文，称历朝之成法，悚然听之者，盖十而六七矣；迂儒帖括，诩正学之昌言，瞿然从之者，又十而八九矣；无一事能究其本原，无一法能穷其利弊，即聋从昧，国皆失目。而各国游历之人，传教之士，察我形胜，测我盈虚，言财政详于度支之司，谈物产精于商局之册，论内政或较深于朝报，陈民隐或更切于奏章，举以相质，动形窘屈。郑昭、宋聋，一以免患，一以召祸。况各国竞骛于聪明，而我岸然自安其愚暗，将以求免，不亦难乎？此而望其尽扫旧弊，力行新政，必不可得。积重难返，良有所因，夜行无烛，瞎马临池，今日大患，莫大于昧。故国是未定，士气不昌，外交不亲，内治不举，所闻日孤，有援难恃，其病皆在于此。用是召攻，此仲虺攻昧之说可惧也。

自台事后，天下皆知朝廷之不可恃，人无固志，奸宄生心，陈涉辍耕于陇上，石勒倚啸于东门，所在而有，近边尤众。伏莽遍于山泽，教民遍于腹省，今岁广西全州、灌阳、兴安、东兰、那地、泗城、电白已见告矣。匪以教为仇雠，教以匪为口实，各连枝党，发作待时。加以贿赂昏行，暴乱于上，胥役官差，蠹乱于下，乱机遍伏，即无强敌之偪，揭竿斩木，已可忧危。况瀁池盗弄之余，彼西人且将借口兴师，为我定乱；国初戡流贼而定都京邑，俄人逐回匪而占踞伊犁，兵家形势，中外同揆，覆车之辙，可为殷鉴。此仲虺所谓取乱者可惧也。

有亡于一举之割裂者，各国之于非洲是也；有亡于屡举之割裂者，俄、德、奥之于波兰是也；有尽夺其政权而一旦亡之者，法之于安南是也；有遍据其海陆形胜之地，而渐次亡之者，英之于印度是也。欧洲数强国，默操神算，纵横寰宇，以取各国。殷鉴具存，覆车可验。当此主忧臣辱之日，职亦何忍为伤心刺耳之谈？顾见举朝上下，相顾嗟呀，咸识沦亡，不待中智；群居叹息，束手待毙，耆老仰屋而咨嗟，少壮出门而狼顾；并至言路结舌，疆臣低首，不惟大异于甲申，亦且迥殊于甲午；无有结缨誓骨慷慨图存者。生机已尽，暮色凄惨，气象如此，可骇可悯，此真自古所无之事！夫至于公卿士庶，偷生苟活，候为欧洲之奴隶，听其犬羊之羁缚；哀莫大于心死，病莫重于痹痪；欲陨之叶，不假于疾风，将萎之华，不劳于触手：先亡已形，此仲虺所谓侮亡之说尤可痛也。

然原中朝敢于不畏分割，不惮死亡者，虽出于昧，亦由误于有恃焉。夫欲托庇强邻，借为救援，亦必我能自立，则犄角成势，彼乃辅车；若我为附枝，则卧榻之侧，岂容鼾睡，齐王建终伤松柏，李后主终坐牵机。且泰西兵事，决胜乃战，一旦败绩，国可破灭。俄、德力均，岂肯为我用兵，或败大局哉？此又中智以下咸知难恃者也。

如以泰西分割亚洲，连鸡互忌，气势甚缓；突厥频割大藩，尚延残喘；波斯尽去权利，犹存旧封。中国幅员广袤，从容分割，缓缓支持，可历年所。执政之人，皆已耄老，冀幸一身可免，听其贻祸将来。然突厥之

回教，专笃悍强，西人所畏，吾则民教柔脆而枯朽；波斯之国主，纡尊游历西国尽遍，吾虽亲王宰相，闭户而潜修。分局早定，民心已变。瑞典使臣之奔告，各国新报之张皇。亚洲旧国，近数年间，岁有剪灭，近且殆尽，何不取鉴之？祸起旦夕，毕命尽丧，而谓可延年载，老人可免，此又掩耳盗铃，至愚自欺之术也。譬巨室失火，不操水呼救，而幸火未至，入室窃宝，屋烬身焚，同归于尽而已。故职窃谓诸臣即不为忠君爱国计，亦当自为身谋也。皇上远观晋、宋，近考突厥，上承宗庙，孝事皇太后，即不为天下计，独不计及宋世谢后签名降表，徽、钦移徙五国之事耶！

近者诸臣泄泄，言路钳口，且默窥朝旨，一切讳言；及事一来，相与惶恐。至于主辱臣死，虽粉身灰骨，天下去矣，何补于事？不早图内治，而十数王大臣俛首于外交，岂惟束手，徒增耻辱而已。不豫修于平时，一旦临警，张皇而求请，岂能弥缝，徒增赔割而已！故胶警之来，不在今日之难于对付，而在向者之不发愤自强也。势弱至此，岂复能进而折冲，惟有急于退而结网。职不避斧钺，屡有所陈；今日亦不敢言自保，言图存而已；亦不敢言图存，即为偏安之谋，亦须早定规模已耳。

殷忧所以启圣，外患所以兴邦，不胜大愿。伏愿皇上因胶警之变，下发愤之诏，先罪己以励人心，次明耻以激士气；集群材咨问以广圣听，求天下上书以通下情；明定国是，与海内更始；自兹国事付国会议行；纡尊降贵，延见臣庶，尽革旧俗，一意维新；大召天下才俊，议筹款变法之方；采择万国律例，定宪法公私之分，大校天下官吏贤否，其疲老不才者，皆令官带退休；分遣亲王大臣及俊才出洋，其未游历外国者，不得当官任政；统算地产人工，以筹岁计豫算；察阅万国得失，以求进步改良；罢去旧制，以济时宜；大借洋款，以举庶政。若诏旨一下，天下雷动，士气奋跃，海内耸望，然后破资格以励人；厚俸禄以养廉耻；停捐纳，汰冗员，专职司，以正官制；变科举，广学校，译西书，以成人才；悬清秩功牌，以奖新艺新器之能；创农政商学，以为阜财富民之本；改定地方新法，推行保民仁政，若卫生济贫，洁监狱，免酷刑，修道路，设巡捕，整市场，铸钞币，创邮船，徙贫民，开矿学，保民险，重烟税，罢厘征，以铁路为通，以兵船为护。如是则庶政尽举，民心知戴。

但天下人心离散，当日有恩意慰抚，以团其情；志士之志气劣弱，当激以强健豪侠，以壮其气。然后尽变民兵，令每省三万人，而加之训练；

大购铁舰，须沿海数十艘，而习以海战。诏令日下，百举维新，诚意谆恳，明旨峻切；料所有新政诏书，虽未推行，德人闻之，便当退舍。但各国兵机已动，会议已纷，宜急派才望素重文臣辩士，分游各国，结其议员，自开新报之馆，商保太平之局，散布论议，耸动英、日。职以为用此对付，或可缓兵；然后雷厉风行，力推新政，三月而政体略举，期年而规模有成，海内回首，外国耸听矣。皇上发奋为雄，励精图治，于中国何有焉。

论者谓病入膏肓，虽和、缓，扁鹊不能救；火烧眉睫，虽焦头烂额不为功。天运至此，何可挽回？况普国变法而法人禁之，毕士马克作内政而后立；美国制造铁炮，而英人禁之，华盛顿托荒岛而后成。近者英人有禁止出售机器于我之说，俄、法欲据我海关、铁路、矿务、银行、练兵之权，虽欲变法，虑掣我之肘。职窃以为不然。少康以一成一旅而光复旧物，华盛顿无一民尺土而保全美国。况以中国二万里之地，四万万之民哉！顾视皇上志愿何如耳。若皇上赫然发愤，虽未能遽转弱而为强，而仓猝可图存于亡；虽未能因败以成功，而俄顷可转乱为治。职犹有三策以待皇上抉择焉。

夫今日在列大竞争之中，图保自存之策，舍变法外别无他图。此谈经济者异口而同词，亦老于交涉之劳臣所百虑而莫易。顾革故鼎新，事有缓急，因时审势，道备刚柔，其条目之散见者，当世之士能言之，职前岁已条陈之，今不敢泛举，请言其要者：

第一策曰：采法、俄、日以定国是，愿皇上以俄国大彼得之心为心法，以日本明治之政为政法而已。昔彼得为欧洲所摈，易装游法，变政而遂霸大地；日本为俄、美所迫，武步泰西，改弦而雄视东方。此二国者，其始遭削弱与我同，其后底盛强与我异。日本地势近我，成效最速，条理尤详，取而用之，尤易措手。闻皇上垂意外交，披及西学，使臣游记，泰西纂述，并经乙览，不废苍莠。若西人所著之《泰西新史揽要》《列国变通兴盛记》，尤为得要。且俄、日二主之事，颇有发明，皇上若俯采远人，法此二国，诚令译署进此书，几余披阅，职尚有《日本变政之次第》，若承垂采，当写进呈。皇上劳精励意讲之于上，枢译诸大臣各授一册讲之于下，权衡在握，施行自易；起衰振靡，警聩发聋，其举动非常，更有迥出意外者。风声所播，海内憎耸，职可保外人改视易听，必不敢为无厌之

求。盖遇昧者其胆豪，见明者则气怯；且虑我地大人众，一旦自强，则报复更烈。非皇上洞悉敌情，无以折冲樽俎；然非皇上采法俄、日，亦不能为天下雄也。

其第二策曰：大集群才而谋变政，六部九卿诸司百执，自有才贤，咸可咨问。若内政之枢垣，外政之译署，司计之户部，司法之刑曹，议论之台谏翰林，尤为要剧。宜精选长贰，逐日召见，虚己请求，若者宜革，若者宜因，若者当先，若者当后，谋议既定，次第施行，期年三月，成效必睹。

其第三策曰：听任疆臣各自变法。夫直省以朝廷为腹心，朝廷以行省为手足。同治以前，督抚权重，外人犹有忌我之心；近岁督抚权轻，外人之藐我益甚。朝廷苟志存通变，宜通饬各省督抚，就该省情形，或通力合作，或专力致精，取用新法，行以实政。目前不妨略异，三年要可大同。宽其文法，严为督励：守旧而不知变者斥之，习故而不能改者去之。要以三年，期使各省均有新法之练兵数千，新法之税款数万，制造之局数处，五金之矿数区，学校增设若干，道路通治若干，粗定课程，以为条格。如此则百废俱举，万象更新，销萌建威，必有所济。我世宗宪皇帝注意督抚，而政举兵强，我文宗显皇帝、穆宗毅皇帝委重督抚，而中兴奏绩。重内轻外之说，帖括陈言，非救时至论也。

凡此三策，能行其上，则可以强，能行其中，则犹可以弱，仅行其下，则不至于尽亡，惟皇上择而行之。宗社存亡之机，在于今日；皇上发愤与否，在于此时。若徘徊迟疑，因循守旧，一切不行，则幅员日割，手足俱缚，腹心已刲，欲为偏安，无能为计；圈牢羊豕，宰割随时，一旦脔割，亦固其所。职上为君国，下为身家，苦心忧思，虑不能免；明知疏逖，岂敢冒越；但栋折榱坏，同受倾压，心所谓危，急何能择。若皇上少采其言，发奋维新，或可图存，宗社幸甚，天下幸甚！职虽以狂言获罪，虽死之日，犹生之年也。否则沼吴之祸立见，袭晋之事即来，职诚不忍见煤山前事也。瞻望宫阙，忧思愤盈，泪尽血竭，不复有云，冒犯圣听，不胜战慄屏营之至，伏惟代奏皇上圣鉴。谨呈。

康有为

进呈日本明治变政考序 丁酉十二月

臣闻国无大小，民无众寡，能修其政则强，不修其政则弱。臣不敢远述，请言至近者。明有天下，岂不庞大哉！然而圣朝龙兴东土，起自旅成，遂能北收蒙古四十国，东定朝鲜，入主华夏，数月而奄有率土。若夫近者，俄本蕞尔，自大彼得起，发愤变法，而霸北球。德大非特猎起自小普，能胜奥、俄、法而成强大。威廉第一能用俾士麦治国，今乃霸全欧。萨谛尼侯国，有贤相嘉窝与其主伊曼奴核，起而胜帝国之奥、意遂以立。若夫日本，地域比我四川，人民仅吾十之一，而赫然变法，遂歼吾大国之师，割我辽、台，偿二万万。若夫印度、突厥，岂非古有名万里大国哉？然今则夷为奴属，或割为病夫，听诸欧蹂躏焉。夫以普鲁士、萨谛尼、日本，与印度、突厥比土量民，不足一哇焉，然强弱盛亡荣辱若是其远也。臣滋惧焉。况今者四海棣通，列强互竞，欧美之新政新法新学新器，日出曹奏。欧人乃挟其汽船、铁道，以贯穿大地，囊括宙合。触之者靡，逆之者碎，采而用之则与化同，乃能保全。突厥至大国，守旧拒之则弱削；日本极小国，更新变用之则骤强。此其明效大验，公理正则，无可遁逃者矣。

尝考日本变法之始至难矣。与欧美语文迥殊，则欲译书而得欧美之全状难。帝者守府，而武门握权，列藩拱之。其孝明天皇欲作诗而无纸，则收权难。及倒幕维新，而革命四起，则靖人心难。新政初变，百度需支，变乱频仍，兵饷交困，而国库乏绝。初创国家银行，资本仅得廿九万。全国岁入，仅逾千万。直至前岁胜我之后，岁入亦仅八千万，则筹款难。然二十年间，遂能政法大备，尽囊欧美之文学艺术而熔之于国民。岁养数十万之兵，与其数十之舰，而胜吾大国。以蕞尔三岛之地，治定功成，豹变龙腾，化为霸国。

若以我广土众民十倍于日，皇上乾纲独揽，号令如雷，无封建之强侯，更无大将军之霸主，片纸涣汗，督抚贯行，四海无虞，民罔异志。就

111

今岁入已逾万万,若括陋规,必可得倍,若正经界,更得倍蓰,若善银行之用,则不可思议也。若因日本译书之成业、政法之成绩而妙用之,与我同文则转译辑其成书,比其译欧美之文,事一而功万矣;与我同俗,则考其变政之次第,鉴其行事之得失,去其弊误,取其精华,在一转移间。而欧美之新法,日本之良规,悉发现于我神州矣。

夫凡有兴作必有失弊,几经前车之覆,乃得后轨之道。今我有日本为乡导之卒,为测水之竿,为探险之队,为尝药之神农,为识途之老马,我尽收其利而去其害,何乐如之。譬如作室,欧美制型,日本为匠,而我居之也。譬如耕田,欧美觅种灌溉,日本锄艾,而我食之也。虽国势不同,民俗少异。有不可尽用者,则斟酌补苴,弥缝救正,亦何难焉?且我数千年文明之旧,亦自有应保全者,其不能尽同,且不可尽采,奚待言哉?但藉其同文,因其变迹,规模易举,条理易强,比之采译欧文之万难,前无向导之盲瞽,岂不相距万里哉?

昔在圣明御极之时,琉球被灭之际,臣有乡人商于日本,携示书目,臣托购求,且读且骇,知其变政之勇猛,而成效之已著也。臣在民间,募开书局以译之。人皆不信,事不克成。及马江败后,臣告长吏开局译日本书,亦不见信。及东事既兴,举国上下,咸昧日事,若视他星。臣曾上书言日本变法已强,将窥辽东,先谋高丽。大臣不信,猥以疎贱,九门深远,格不上达。及东事之兴,举国人皆轻日本之小,贸然兴戎,遂致败辱。则不察邻国、误轻小邦之所由也。向使二十年前臣译书局成,或十年前,长吏听臣言而译之,或六年前,前大臣信臣言而入告,皇上亟变法而预防,有一于此,其在前乎,则国民必瞭而不矇;其在后乎,则中国已强而无患。乃皆不获,遂至辱国丧师,割地赔款,以至于此也。臣不能不叹息痛恨也。臣愚狂谬,岂敢妄陈前事几类炫伐,冒渎圣明。所以不避斧钺,拳拳上告者,诚以臣考日本之事至久且详,睹前车之覆至险可鉴。若采法其成效,治强又至易也。大抵欧美以三百年而造成治体,日本效欧美,以三十年而摹成治体。若以中国之广土众民,近采日本,三年而宏规成,五年而条理备,八年而成效举,十年而霸图定矣。臣荷皇上非常之知,敢为中国自强之计,未有过此。皇上若采臣言,中国之治强,可计日而待也。臣昔译集日本群书,但割取明治变政之事,编辑成记,上承圣问,今乃写定,上呈圣鉴。臣康有为序言。

康有为

孔子改制考叙

　　孔子卒后二千三百七十六年，康有为读其遗言，渊渊然思，凄凄然悲，曰：嗟夫！使我不得见太平之泽，被大同之乐者，何哉？使我中国二千年，方万里之地，四万万神明之裔，不得见太平之治，被大同之乐者，何哉？使大地不早见太平之治，逢大同之乐者，何哉？天既哀大地生人之多艰，黑帝乃降精而救民患，为神明，为圣王，为万世作保，为大地教主。生于乱世，乃据乱而立三世之法，而垂精太平；乃因其所生之国而立三世之义，而注意于大地远近大小若一之大一统；乃立元以统天，以天为仁，以神气流形而教庶物，以不忍心而为仁政。合鬼神山川、公侯庶人、昆虫草木一统于其教，而先爱其圆颅方趾之同类，改除乱世勇乱争战角力之法，而立《春秋》新王行仁之制。其道本神明，配天地，育万物，泽万世，明本数，系末度，大小精粗，六通四辟，无乎不在。此制乎，不过于元中立诸天，于一天中立地，于一地中立世，于一世中随时立法，务在行仁，忧民忧以除民患而已。《易》之言曰："书不尽言，言不尽意。"《诗》《书》《礼》《乐》《易》《春秋》为其书，口传七十子后学为其言。此制乎，不过其夏葛冬裘，随时救民之言而已。

　　若夫圣人之意，窈矣，深矣，博矣，大矣。世运既变，治道斯移，则始于粗粝，终于精微。教化大行，家给人足，无怨望忿怒之患，强弱之难，无残贼妒嫉之人。民修德而美好，被发衔哺而游，毒蛇不螫，猛兽不搏，抵虫不触，朱草生，醴泉出，凤凰、麒麟游于郊陬，囹圄空虚，画衣裳而民不犯。则斯制也，利用发蒙，声色之以化民，末矣。

　　夫两汉君臣、儒生，尊从《春秋》拨乱之制，而杂以霸术，犹未尽行也。圣制萌芽，新歆遽出，伪《左》盛行，古文篡乱。于是削移孔子之经而为周公，降孔子之圣王而为先师。《公羊》之学废，改制之义湮，三世之说微，太平之治，大同之乐，暗而不明，郁而不发。我华我夏，杂以魏、晋、隋、唐、佛、老、词章之学，乱以氐、羌、突厥、契丹、蒙古之风，非惟不识太平，并求汉人拨乱之义，亦乖剌而不可得，而中国之民，遂二千年被暴主夷狄之酷政。耗矣，哀哉！

朱子生于大统绝学之后，揭鼓扬旗而发明之，多言义而寡言仁，知省身寡过而少救民患，蔽于据乱之说，而不知太平大同之义，杂以佛、老，其道觳苦。所以为治教者，亦仅如东周、刘蜀、萧詧之他偏安而已。

大昏也，博夜也，冥冥汶汶，雰雰雾雾，重重锢昏，皎日坠渊。万百亿千缝掖俊民，跂跂脉脉而望，篝灯而求明，囊萤而自珍，然卒不闻孔子天地之全，太平之治，大同之乐。悲夫！

天哀生民，默牖其明，白日流光，焕炳莹晶。予小子梦执礼器而西行，乃睹此广乐钧天，复见宗庙百官之美富。门户既得，乃埽荆榛而开途径，拨云雾而览日月，别有天地，非复人间世矣。不敢隐匿大道，乃与门人数辈朝夕钩撢，八年于兹，删除繁芜，就成简要，为《改制考》三十卷。同邑陈千秋礼吉、曹泰箸伟，雅才好博，好学深思，编检尤劳，墓草已宿。然使大地大同太平之治可见，其亦不负二三子铅椠之劳也夫！嗟夫！见大同太平之治也，犹孔子之生也。《孔子改制考》成书，去孔子之生二千四百四十九年也。

康有为

上清帝第六书（应诏统筹全局折）

奏为应诏陈言，乞统筹全局以救危立国，恭折仰祈圣鉴事。

窃顷者德人割据胶州，俄人窥伺旅、大，诸国环伺，岌岌待亡。自甲午和议成后，臣累上书，极陈时危，力请变法，格未得达；旋即告归，土室抚膺，闭门泣血。未及三年，遂有兹变。臣万里浮海，再诣阙廷。荷蒙皇上不弃刍荛，特命总理各国事务王大臣传询，问以大计，复命具折上陈，并宣取臣所著《日本变政考》《俄大彼得变政考》，进呈御览。此盖历朝未有之异数，而大圣人采及葑菲之盛德也。臣愚何人，受此殊遇，遭际时艰，敢不竭尽其余，以备采择。

臣闻方今大地守旧之国，未有不分割危亡者也。有次第胁割其土地人民而亡之者，波兰是也。有尽取其利权，一举而亡之者，缅甸是也。有尽亡其土地人民而存其虚号者，安南是也。有收其利权而后亡之者，印度是也。有握其利权而徐分割而亡之者，土耳其、埃及是也。我今无士、无兵、无饷、无船、无械，虽名为国，而土地、铁路、轮船、商务、银行，惟敌之命，听客取求，虽无亡之形，而有亡之实矣。后此之变，臣不忍言。观大地诸国，皆以变法而强，守旧而亡，然则守旧开新之效，已断可睹矣。以皇上之明，观万国之势，能变则全，不变则亡，全变则强，小变仍亡。皇上与诸臣诚审知其病之根源，则救病之方，即在是矣。

夫方今之病，在笃守旧法而不知变。处列国竞争之世，而行一统垂裳之法，此如已夏而衣重裘，涉水而乘高车，未有不病喝而沦胥者也。《大学》言日新又新。《孟子》称新子之国。《论语》：孝子毋改父道，不过三年；然则三年之后，必改可知。夫物新则壮，旧则老；新则鲜，旧则腐；新则活，旧则板；新则通，旧则滞：物之理也。法既积久，弊必丛生，故无百年不变之法。况今兹之法，皆汉、唐、元、明之敝政，何尝为祖宗之

115

法度哉？又皆为胥吏舞文作弊之巢穴，何尝有丝毫祖宗之初意哉？今托于祖宗之法，固已诬祖宗矣。且法者，所以守地者也，今祖宗之地既不守，何有于祖宗之法乎？夫使能守祖宗之法，而不能守祖宗之地，与稍变祖宗之法，而能守祖宗之地，孰得孰失，孰重孰轻，殆不待辨矣。虽然，欲变法矣，而国是未定，众论不一，何从而能舍旧图新哉？

夫国之有是，犹船之有舵，方之有针，所以决一国之趋向，而定天下之从违者也。若针之子午未定，舵之东西游移，则徘徊莫适，怅怅何之，行者不知所从，居者不知所往。放乎中流，而莫知所休；指乎南北，而莫知所极。以此而驾横海之大航，破滔天之巨浪，而适遭风沙大雾之交加，安有不沈溺者哉？今朝廷非不稍变法矣，然皇上行之，而大臣挠之，才士言之，而旧僚攻之，不以为用夷变夏，则以为变乱祖制，谣谤并起，水火相攻，以此而求变法之有效，犹却行而求及前也，必不可得矣。皇上既审时势之不能不变，知旧法之不能不除，臣请皇上断自圣心，先定国是而已。国是既定矣，然下手之方，其本末轻重，刚柔缓急不同，措置之宜，其规模条理，纲领节目大异，稍有乖误，亦无成功。

臣愚尝斟酌古今，考求中外，唐、虞、三代之法度至美。但上古与今既远，臣愿皇上日读《孟子》，师其爱民之心。汉、唐、宋、明之沿革可采，但列国与一统迥异，臣愿皇上上考《管子》，师其经国之意。若夫美、法民政，英、德共和，地远俗殊，变久迹绝，臣故请皇上以俄大彼得之心为心法，以日本明治之政为政法也。然求其时地不远，教俗略同，成效已彰，推移即是，若名书佳画，墨迹尚存，而易于临摹，如宫室衣裳，裁量恰符，而立可铺设，则莫如取鉴于日本之维新矣。

日本之始也，其守旧攘夷与我同，其幕府封建与我异，其国君守府，变法更难；然而成功甚速者，则以变法之始，趋向之方针定，措置之条理得也。考其维新之始，百度甚多，惟要义有三：一曰大誓众臣以定国是，二曰立对策所以征贤才，三曰开制度局而定宪法。其誓文在决万机于公论，采万国之良法，协民国之同心，无分种族，一上下之议论，无论藩庶，令群臣咸誓言上表，革面相从，于是国是定而议论一矣。召天下之征士贡士，咸上书于对策所，五日一见，称旨者擢用，于是下情通而群才进矣。开制度局于宫中，选公卿诸侯大夫，及草茅才士二十人，充总裁，议定参预之任，商榷新政，草定宪法，于是谋议详而章程密矣。日本之强，效原于此。

　　皇上若决定变法，请先举三者：大集群臣于天坛太庙，或御乾清门，诏定国是，躬申誓戒，除旧布新，与民更始；令群臣具名上表，咸革旧习，黾勉维新，否则自陈免官，以激励众志。一定舆论，设上书所于午门，日轮派御史二人监收，许天下士民皆得上书，其群僚言事咸许自达，无得由堂官代递，以致阻挠。其有称旨者，召见察问，量才擢用，则下情咸通，群才辐辏矣。设制度局于内廷，选天下通才十数人入直其中，王公卿士，仪皆平等，略如圣祖设南书房，世宗设军机处例。皇上每日亲临商榷，何者宜增，何者宜改，何者当存，何者当删，损益庶政，重订章程，然后敷布施行，乃不谬紊。

　　近泰西政论，皆言三权：有议政之官，有行政之官，有司法之官。三权立。然后政体备。以我朝论之，皇上则为元首，百体所从；军机号为政府，出纳王命，然跪对顷刻，未能谋议，但为喉舌之司，未当论思之寄。若部寺督抚，仅为行政之官，譬于手足，但供奔持，岂预谋议？且部臣以守例为职，而以新政与之议，事既违例，势必反驳而已，安有以手足而参谋猷哉？近者新政，多下总署，总署但任外交，岂能兼营商务？况员多年老，或兼数差，共议新政，取决俄顷，欲其详美，势必不能。若御史为耳目之官，刑曹当司法之寄，百官皆备，而独无左右谋议之人，专任论思之寄。然而新政之行否，实关军国之安危。而言者妄称施行，主者不知别择，无专司为之讨论，无宪法为之著明，浪付有司，听其抑扬，恶之者驳诘而不行，决之者仓卒而不尽，依违者狐疑而莫定，从之者条画而不详。是犹范人之形，有头目手足口舌身体，而独无心思，必至冥行擿埴，颠倒狂瞀而后已。以此而求新政之能行，岂可得哉？故制度局之设，尤为变法之原也。然令之部寺，率皆守旧之官，骤与改革，势实难行，既立制度局总其纲，宜立十二局分其事：

　　一曰法律局。外人来者，自治其民，不与我平等之权利，实为非常之国耻。彼以我刑律太重，而法规不同故也。今宜采罗马及英、美、德、法、日本之律，重定施行，不能骤行内地，亦当先行于通商各口。其民法、民律、商法、市则、舶则、讼律、军律、国际公法，西人皆极详明，既不能闭关绝市，则通商交际，势不能不概予通行。然既无律法，吏民无所率从，必致更滋百弊。且各种新法，皆我所夙无，而事势所宜，可补我

所未备。故宜有专司，采定各律，以定率从。

二曰度支局。我国地比欧洲，人数倍之，然患贫实甚，所入乃下等于智利、希腊小国，无理财之政故也。西人新法，纸币、银行、印税、证券、讼纸、信纸、烟酒税、矿产、山林、公债，皆致万万，多我所无，宜开新局专任之。

三曰学校局。自京师立大学，各省立高等中学，府县立中小学及专门学，若海、陆、医、律、师范各学，编译西书，分定课级，非礼部所能办，宜立局而责成焉。

四曰农局。举国之农田、山林、水产、畜牧，料量其土宜，讲求其进步改良焉。

五曰工局。司举国之制造机器美术，特许其新制而鼓励之；其船舶、市场、新造之桥梁、堤岸、道路咸属焉。

六曰商局。举国之商务、商学、商会、商情、商货、商律，专任讲求激励之。

七曰铁路局。举国之应修铁路，绘图、定例权限咸属焉。

八曰邮政局。举国皆行邮政以通信，命各省府县乡咸立分局，并电线属焉。

九曰矿务局。举国之矿产、矿税、矿学属焉。

十曰游会局。凡举国各政会、学会、教会、游历、游学各会，司其政律而鼓舞之。

十一曰陆军局。选编国民为兵，而司其教练。

十二曰海军局。治铁舰练军之事。

十二局设，庶政可得而举矣。然国政之立，皆以为民，民政不举，等于具文而已。

夫地方之治，皆起于民。而县令之下，仅一二簿尉杂流，未尝托以民治。县令重任而选贱，俸薄而官卑，自治狱催科外，余皆置之度外。其上乃有藩、臬、道、府之辖，经累四重，乃至督抚，而后达于上；藩、臬、道、府拱手无事，皆为冗员，徒增文书、费厚禄而已。一省事权，皆在督抚，然必久累资劳，乃至此位，地大事繁，年老精衰，旧制且望而生畏，望其讲求新政而举行之，必不可得。向者兴学堂农商之诏累下矣，而各直省多以空文塞责，亦可见矣。日本以知县上隶于国。汉制百郡以太守上达天子。我地大不能同日本，宜用汉制，每道设一民政局，妙选通才，督办其事。用南书房及学政例，自一品至七品京朝官，皆可为之。准其专折奏事，体制与督抚平等。用出使例，听其自辟参赞随员，俾其指臂收得人之助。其本道有才者，即可特授，否则开缺另候简用，即以道缺给之。先拨厘税，俾其创办新政。每县设民政分局督办，派员会同地方绅士治之。除刑狱赋税暂时仍归知县外，凡地图、户口、道路、山林、学校、农工、商务、卫生、警捕，皆次第举行。三月而备其规模，一年而责其成效。如此则内外并举，臂指灵通，宪章草定，奉行有准，然后变法可成，新政有效也。

若夫广遣亲王大臣游历以通外情，大译西书，游学外国，以得新学，厚俸禄以养廉耻，变通科举以育人才，皆宜先行者。犹虑强邻四逼，不能容我从容图治也。且我民穷国匮，新政何以举行？闻日本之变法也，先行纸币，立银行，财泉通流，遂以足维新之用。今宜大筹数万万之款，立局以造纸币，各省分设银行，用印度田税之法，仿各国印花之税，我地大物博，可增十倍。然后郡县遍立各种学堂，沿海皆设武备学院，大购铁舰五十艘，急练民兵百万，则气象不变，维新有图，虽不敢望自强，亦庶几可以自保。

臣愚夙夜忧国，统筹大局，思之至详。其能举而行之，惟皇上之明；其不能举而行之，惟诸臣之罪。时阽国危，谨竭愚诚，伏乞皇上圣鉴。谨呈。

进呈俄罗斯大彼得变政记序

臣闻一姓之霸有天下者，刻籀其钟鼎，摩呵其灵庙，徘徊其册府，皆有神谟远算，深计长虑，以为子孙万世之业。然类皆数百年而断灭，或数十年而断灭，其祖宗之经文纬武，皆废弛败坏，而不可用。子孙墨守其陈迹，而失其精意，遂相以寻于祸败。谓一姓不再兴，览四千年青史氏之载，历朝兴亡之迹，岂不哀哉！

《诗纬》曰：王者三百年一变政。盖变者天道也，天不能有昼而无夜，有寒而无暑，天以善变而能久；火山流金，沧海成田，历阳成湖，地以善变而能久。人自童幼而壮老，形体颜色气貌，无一不变，无刻不变。《传》曰："逝者如斯。"故孔子系《易》，以变易为义。又曰："时为义大。"时者寒暑裘葛，后天而奉天时，此先圣大声疾呼，以仁后王者耶？

泰西之国，一姓累败而累兴，盖善变以应天也；中国一姓不再兴者，不变而逆天也。夫新朝必变前朝之法，与民更始，盖应三百年之运，顺天者兴，兴其变而顺天，非兴其一姓也；逆天者亡，亡其不变而逆天，非亡其一姓也。一姓不自变，人将顺天代变之，而一姓亡矣；一姓能顺天，时时自变，则一姓虽万世存可也。

夫创业中兴之人，能变政者，其才武，其志深，其力雄，其气猛，推移旋运，举重若轻，故治天下如弄丸，椎拍宛转，宽绰有余。晚季中叶，不能变政，其才文，其志浅，其力薄，其气弱，故因循苟且，畏难偷安，故治天下如患痿痹麻木，不能自知自举，而国之大小存亡强弱兴败视之。

今地球万国，俄地三万里为大，俄兵八百万为强，割辽之事，俄一言而日归之，吾乃以银行铁路与之为德。虽然，乃考俄之始，乃以八万兵败于瑞典万人，乃割边地于瑞国，无学校，无练兵，无通商，无制造良工，愚冥狉榛，既蠢既顽，昧塞小弱，岌岌殆亡，固有甚于我中国者。大彼得知时从变，应天而作，奋其武勇，破弃千年自尊自愚之习，排却群臣阻挠大计之说，微服作隶，学工于荷、英，遍历诸国，不耻师学，雷动霆震，万法并兴。昔卫文大布衣冠，务材训农，通商惠工，敬教劝学，授材任能，是以兴卫。勾践卧薪尝胆，躬耕，夫人织，下贤厚客，振贫吊死，同营百姓，用以沼吴。彼得集而兼之，举动非常，神功超越，用是数十年而文明大辟，开地万里，为霸地球。呜呼！雷动而草木折，其变力大者其治功大。苍萌亿亿，皆草木也，待雷而折，于以荣华，于以参天，彼得之变力，雷力也哉！宜其折而荣华而参天。呜呼！凡数百年一姓之国，既危既弱者，宜鉴于斯。臣谨辑彼得行事，以备采择，上呈圣鉴。臣康有为序言。

请废八股试帖楷法试士改用策论折

奏为恭谢天恩，特许专折奏事，请罢弃八股试帖楷法取士，复用策论，冀养人才，以为国用，恭折仰祈圣鉴事。

窃臣以疏贱，荷蒙召对，询臣以中外之事，救国之谟。对逾二时，皆承嘉纳，天颜有喜，并问取所著各书，咸令写进，又令随时上陈，特许专折奏事。殊恩异数，非臣之贱所当被蒙；粉骨碎身，非臣之愚所能上报。臣窃惟今变法之道万千，而莫急于得人才；得才之道多端，而莫先于改科举。今学校未成，科举之法，未能骤废，则莫先于废弃八股矣。夫八股之无用，臣即业八股以窃科第者也，从其业之既久，知其害之尤深，面对未详，敢为我皇上先陈之。

夫自《春秋》讥世卿而选郊野；汉世举孝秀而考经行；六朝至唐、宋，词章与帖括并用；元、明及国朝，经义与试帖俱行。自周与宋，曾取士于学校；经汉迄今，多试士以策论。虽立法各殊科，要较之万国，比之欧土，皆用贵族，尤为非才，则选秀于郊，吾为美矣，任官先试，我莫先焉。美国行之，实师于我。夫若汉之光禄四行，宋臣司马光之十科试士，朱子之学校贡举法，皆为良法，惜不见行。且凡法虽美，经久必弊；及其弊已著，时会大非，而不与时消息，改弦更张，则陷溺人才，不周时用，更非立法求才之初意矣。

推宋王安石之以经义试士也，盖鉴于诗赋之浮华寡实，帖括之迂腐无用，故欲借先圣深博之经文，令学者发精微之大义。以为诸经包括人天，兼该治教，经世宰物，利用前民，苟能发明其大义微言，自可深信其通经致用。立法之始，意美法良。迨至明与国初，人士渐陋，然扶经心而明义理，扶人伦而阐心性，当闭关之世，虽未尽足以育才兴学，犹幸以正世道人心焉。

惟垂为科举，立法过严，以为代圣立言，体裁宜正，不能旁称诸子而杂其说，不能述引后世而谬其时，故非三代之书不得读，非诸经之说不得览，于是汉后群书，禁不得用，乃至先秦诸子，戒不得观。其博学方闻之士，文章尔雅，援引今故，间征子纬，旁及异域，则以为犯功令而黜落之。若章句瞽儒，学问止于《论语》，经义未闻《汉书》，读《礼记》则严删国恤，学《春秋》则束阁《三传》。若夫《周礼》以经国家，《仪礼》以范人伦，以试题不及，无人读诵。乃至《诗》《书》《易》《礼》之本经，亦复束汉注唐疏而不观。甚乃《学》《庸》《论》《孟》之微言，亦只守兔园坊本之陋说。盖以功令所垂，解义只尊朱子；而有司苟简，三场只重首场。故令诸生荒弃群经，惟读《四书》；谢绝学问，惟事八股。于是二千年之文学，扫地无用，束阁不读矣。渐乃忘为经义，惟以声调为高歌；岂知圣言，几类俳优之曲本。东涂西抹，自童年而咿唔摹仿；妃青俪白，迄白首而按节吟哦。既因陋而就简，咸闭聪而黜明。试官妄取，谬种辗转以相传；学子循声，没字空疏而登第。虽有经文五义，皆以短篇虚衍；虽有问策五道，皆依题字空对。但八股清通，楷法圆美，即可为巍科进士，翰苑清才，而竟有不知司马迁、范仲淹为何代人，汉祖、唐宗为何朝帝者。若问以亚非之舆地，欧美之政学，张口瞪目，不知何语矣。既流为笑语，复秉文衡，则其辗转引收，为若何才俊乎？

然凡此所讥，尚属进士、举贡、生员以上者也。若夫童试，恶习尤苛：断剪经文，割截圣语，其小题有枯困缩脚之异，其搭题有截上截下之奇，其行文有钓伏渡挽之法。譬如《中庸》"及其广大，草木生之"，则上去"及其广"三字，下去"木生之"三字，但以"大草"二字为题，如此之例，不可殚书。无理无情，以难学者。不止上侮圣言，试问工之何益？而上自嘉、道，下迄同、光，举国人士，伏案揣摩，皆不出此"大草"之文法也。

夫人士之才否，国命之所寄托也。举贡诸生，为数无几。若童生者，士之初基。吾国凡为县千五百，大县童生数千，小县亦复数百，但每县通以七百计之，几近百万人矣。夫各国试皆无额，惟通是求。而吾国学额寡少，率百数十额乃录一人。故录取者百之一，而新试者不止百之一。故多有总角应试，耄耋犹未青其衿者；或十年就试，已乃易业。假三十年之通，则为三百万人矣。故有人士终身，未及作一大题，以发圣经大义者。

夫以总角至壮至老，实为最有用之年华，最可用之精力，假以从事科学，讲求政艺，则三百万之人才，足以当荷兰、瑞典、丹麦、瑞士之民数矣。以为国用，何求不得？何欲不成？乃以三百万可用之精力、人才、月日，钩心斗角，敝精费神，举而投之枯困搭截文法之中，以言圣经之大义，皆不与之以发明也。徒令其不识不知，无才无用，盲聋老死，是比白起之坑长平赵卒四十万尚十倍之。其立法之谬异，流弊之奇骇，诚古今所未闻，而外人所尤怪诧者矣。即以臣论，卯角学文，于小题搭截，尤畏苦之。其文法严苛，过于钳网，触处皆犯。束书不读，稍能习熟，若复涉群书，置而不事，即复犯文法。故六应童试，见摈以此。知其于学问，最相阻相反也。

且童生者，全国人之蒙师也。师之愚陋盲瞽既极，则全国人之闭塞愚盲益甚。是投全国人于盲瞽也，何以为国？昔在一统闭关之世，前朝以之愚民则可矣。若夫今者，万国交通，以文学政艺相竞，少不若人，败亡随之。当此绸缪未雨之时，为兴学育才之事，若追亡救火之急，犹恐其不能以立国也。而乃以八股试多士，以小题枯困截搭缚人才，投举国才智于盲瞽，惟恐其稍为有用之学，以为救时之才也，不亦反乎？

然则中国之割地败兵也，非他为之，而八股致之也；故臣生平论政，尤痛恨之。即日面奏，荷蒙圣训，以八股为学非所用。仰见圣明，洞见积弊。夫皇上既深知其无用矣，何不立行废弃之乎？此在明诏一转移闻耳，而举国数百万人士，立可扫云雾而见青天矣。从此内讲中国文学，以研经义、国闻、掌故、名物，则为有用之才；外求名国科学，以研工艺、物理、政教、法律，则为通方之学。以中国之大，求人才之多，在反掌间耳。尚虑群臣守旧，或有阻挠。皇上睿虑，内断于心，请勿下部议，特发明诏，立废八股。其今乡会童试，请改试策论。以其体裁，能通古证今，会文切理，本经原史，明中通外，犹可救空疏之宿弊，专有用之问学。然后宏开校舍，教以科学，俟学校尽开，徐废科举。其试帖风云月露之词，亦皆无用；其楷法方光乌之尚，尤为费时。昔在闭关之世，或以粉饰夫承平，今当多难之秋，不必敝精于无用。应请定例，并罢试帖，严戒考官，勿尚楷法。庶几人士专研有用之学，其于立国育才，所关至大。

臣愚颛颛，首以是请。恭折叩谢天恩，伏惟皇上圣鉴。谨奏。

康有为

敬谢天恩并统筹全局折

奏为敬谢天恩准予专折奏事,请统筹全局,以变法强国,恭折仰祈圣鉴事。

窃臣岭海下士,才识暗愚,以时事艰难,屡次上书,冒渎天听。荷蒙皇上天地之量,采及刍荛;顷乃蒙过听虚声,特予召见,垂问殷勤,过二时许,容其狂愚,宽其礼数,复令有所条陈,准其专折递奏,隆天重地,稠叠有加。臣俯念时艰,仰感知遇,只竭驽钝,图报涓埃。顷仰承圣训,以国家之败,归罪守旧诸人。臣妄陈大计,皆承俞允。仰见圣明天纵,求治若渴,洞万国之故,审时变之宜,此真中国之福也,四万万臣民之幸也。臣愚但有喜舞抃蹈,咏歌圣德。然皇上询访之盛意,臣何敢知而不言?臣今所欲陈者,曰统筹全局以图变法,御门誓众以定国是,开局亲临以定制度,三者而已。方今累经外患之来,天下亦知旧法之敝,思变计图存矣。然变其甲不变其乙,举其一而遗其二,枝枝节节而为之,逐末偏端而举之,无其本原,失其辅佐,牵连并败,必至无功。

夫物之为体,合多质点而后成;室之可居,合多土木而后备。体不备,谓之不成人;政不备,亦谓不成国。故臣以为不变则已,若决欲变法,势当全变。如匠人筑室,千门万户,必绘图画则,先定雏形,而后鸠工庀材,乃行兴筑。若全局未定,图绘全无,听甲言而为杗为桷,尺寸不知,又听乙言而肯构肯堂,木石未备,砖瓦乱构,工匠杂陈,及其全局合龙,必致乖牾凿枘,风雨骤至,托庇仍无。若夫缝人裁衣,必量全体之度;庖人调味,必酌酱齐之宜。若妄施刀剪,势必颠倒裳衣;乱下盐梅,以致难供刀匕。薄物犹尔,况与举万里之国而治之哉?故臣请变法,不欲言某事宜举,某事宜行者,恐虽诏行,难收成效,必至与总署、使馆、海军、船厂、电线、铁路、矿务、制造厂、同文馆,同为守旧者借口攻挠而

125

已。故今欲变法，请皇上统筹全局，商定政体，自百司庶政，用人交外，并草具纲领条目，然后涣汗大号，乃与施行。本末并举，首尾无缺，治具毕张，乃收成效。臣所请统筹全局者此也。

顷者胶、旅既割，内地权利尽失，危亡逼迫，若火燎原。皇上审时变法，发愤图存，特下诏书，明定国是，苦心明断，天下共知。而诸臣惑于旧俗，谣谤纷纭。或庸人知见摈于维新，恐富贵之难保；或佥人思媚于权贵，造疑谤而诋谋。交章飞文，变乱黑白，诬攻新政，贝锦如织，流言惑听，害过流贼。或老耄旧学，自托清流，挟"用夷变夏"之言，持"变乱祖制"之说，劫乱民听，众志荧惶，藐王言如弁髦，视纶者如草莽。臣惟三代大举，亦复胥动浮言。盘庚迁殷，屡烦誓诰，戒以"黜心从一"，责其"起秽自臭"，警以"祖父断弃"，严以"劓殄无遗"。盖誓者经义取重，亦西国通行。昔圣祖、高宗时，频有御门之典。臣伏乞皇上诹日斋戒，特御乾清门，大集群臣，相与敕誓，布告天下，与民更始。咸令具名上表，尽革旧习，黾勉维新，其有不率，予之休免。其有造谣兴谤，不奉新政者，上用盘庚劓灭之刑，旁采泰西谣谤之律，明罚敕法，刑兹无赦。庶几浮言可靖，众志乃一，国是既定，大势咸趋。臣所请御门誓众者此也。

今天下之言变者，曰铁路、曰矿务、曰学堂、曰商务，非不然也。然若是者，变事而已，非变法也。变一事者，微特偏端不举，即使能举，亦于救国之大体无成，非皇上发愤自强之意也。周公思兼三王，孔子损益四代，乃为变法。臣所请者：规模如何而起，条理如何而详，纲领如何而举，节目如何而备，宪法如何而定，章程如何而周。损益古今之宜，斟酌中外之善，若者宜革，若者宜增，若者宜删，若者宜改，全体商榷，重为草定。兹事体大，关国安危，举错偶乖，必至龃龉。此非特开专司以妙选通才，不足以商鸿业而定巨典。今欲行新政，但听人言，下之部议，尤重者，或交总署枢臣会议，然大臣皆老耄守旧之人，枢垣总署，皆兼差殷忙之侯，求其议政详善，必不可得也。臣前请用日本例，开制度局于内廷，选天下通才任之，皇上亲临，日共商榷，其有变法之折，并下制度局商议，拟旨施行。然后挈领振裘，目张纲举，新政可行，自强有效。臣所请开制度局者此也。

虽然，以皇上之明，岂不知筹全局而全变哉？其有不能者，或势有所限也。然人主有雷霆万钧之力，所施无不披靡。就皇上所有之权，行方今可为之事，举本握要，则亦可一转移间而天下移风，振作人心矣。国势危迫，不能需时，及今为之，已迟不及事，惟皇上乾纲独揽，速断圣心，以救中国，天下幸甚！

臣愚忧国，敢冒死以竭拳拳，伏乞皇上圣鉴。谨奏。

进呈法国革命记序 戊戌五月

昔孔子读《诗》,至"殷士肤敏,灌将于京。"乃掩卷而叹曰：大哉！天命无常。故君子不可不戒惧,黎民不可不劝勉。

臣每读各国史,至法国革命之际,君民争祸之剧,未尝不掩卷而流涕也。流血遍全国,巴黎百日而伏尸百二十九万。变革三次,君主再复,而绵祸八十年。十万之贵族,百万之富家,千万之中人,暴骨如莽,奔走流离,散逃异国。城市为墟,而革变频仍,迄无安息,漩入洄渊,不知所极。至夫路易十六,君后同囚,并上断头之台,空洒国民之泪,凄恻千古,感痛全球。自是万国惊心,君民交战,革命之祸遍于全欧,波及大地矣。虽鉴戒巴黎,杀戮略减,而君主杀逐,王族逃死,流血盈野,死人如麻,则百年来百国宝书实录莫不同然。普大地杀戮变乱之惨,未有若近世革命之祸酷者矣。盖皆自法肇之也。

《大学》曰："惟命不于常,道善则得之,不善则失之。""维石岩岩,民具尔瞻。"故有国者不可以不慎。辟则为天下戮,故桀放南巢,而民曰："时日曷丧！"厉王放彘,而下乃共和为政。至于首悬太白,身焚渐台,盖皆不慎不善,以辟为天下戮也。若夫路易十六,宽裕爱民,实为恭俭之君。故遭祸戮,民多哀怜之。以怜民饥,特许开议院,至仁也。许平民预议而立宪法,至公也。饥民从其徽赊喇宫,推至巴黎,至宽也。惜其许行立宪,不尽出于己意而多由于民迫,不刚断于速行而游移于众议。始则恃瑞士之军以兵为卫,既乃散之,则无兵而同于匹夫矣。中则与民党米拉伯盟而付以大政,则得人而王室固矣。既乃背之,则民党失心矣。终则恃外援而不出奔,遂激民怒而成大戮,身首异处,为天下笑。

盖民性可静不可动也。一动之后若转石于悬崖,不至于趾不止也。《传》曰："岂其使一人肆于民上？"民愚不知公天下之义,则已耳；既知之，则富贵崇高者众之所妒，事权尊一者众之所争也。法民既远感于美民主之政，近睹于英戮楂理士逐占士第二之故，则久受压制，具瞻岩岩，必倾覆之。吴起所谓水能载舟，亦能覆舟。《书》所谓顾畏于民岩也。民情大动，民心大变矣。昔之名分不足以定之，适足以激之，向之权势不足以压之，适足以怒之。若使路易十六刚愎雄武仍压其民若秦始皇，则祸延后嗣，二世而亡，若其祖路易十四而已。而雄武之才，乃天实生之，非寻常人主所能学也。苟误师之，则如秦二世、吴孙皓、隋炀帝、英查理十一而已。既不能为秦始皇、路易十四，则相时势、审民情，知变之不能复止也，动之不能复静也，违之愈激，迟之生变。且夫寡不敌众，私不敌公，理之公则也。安有以一人，而能敌亿万兆国民者哉？则莫若立行乾断，不待民之请求迫胁，而与民公之，如英之威廉第三后诸主然。明定宪法，君民各得其分，则路易十六必有泰山磐石之安，朋、彭之寿，尧、舜之誉。生死荣哀，国家长久，天下后世师之慕之。而惜路易十六不能审时刚断也，徘徊迟疑，欲与不与，缓以岁月，靳其事权，遂至身死国亡，为天下笑，几没其贤也。岂不哀哉！昔司马迁笑项羽为妇人之仁，匹夫之勇，优柔不断，遂以身死国亡。至今观之，与路易十六同出一辙，有国者固与匹夫异体哉！

臣窃观近世万国行立宪之政，盖皆由法国革命而来。迹其乱祸，虽无道已甚，而时势所趋，民风所动，大波翻澜，回易大地，深可畏也。盖大地万千年之政变，未有宏巨若兹者，亦可鉴也。

中国未有此书，臣谨编译，上呈圣鉴。臣康有为序言。

请禁妇女裹足折

奏为请禁妇女裹足，以全肌肤，而维俗化，恭折仰祈圣鉴事。

窃惟汉臣贾谊上《治安策》，谓"大臣以簿书期会为大故，至俗流失，世败坏，则不知怪"，此诚知治乱之体要者也。夫为政之道，本末兼该，而莫大于保民；圣化之隆，纤悉备举，而莫先于正俗。方今万国交通，政俗互校，稍有失败，辄生讥轻，非复一统闭关之时矣。吾中国蓬荜比户，蓝缕相望，加复鸦片熏缠，乞丐接道，外人拍影传笑，讥为野蛮久矣，而最骇笑取辱者，莫如妇女裹足一事，臣窃深耻之。

夫刖足者，为古肉刑之一。刑者成也，一成不变，后王恐波及无辜，犹为废之，史称其美。女子何罪？而自童幼加以刖刑，终身痛楚，一成不变，此真万国所无，而尤为圣王所不容者也。夫父母抚子，以慈为义，女子体弱，尤宜爱护。乃乳哺甫离，髫发未燥，筋肉未长，骨节未坚，而横紫弱足，严与裹缠，三尺之布，七尺之带，屈指使行，拗骨使折，拳挛踽踽，蹢地踏天，童女苦之，旦旦啼哭；或加药水，日夕熏然，窄袜小鞋，夜宿不解，务令屈而不伸，纤而不壮，扶床乃起，倚壁而行。富人苦之，贫家尤甚：亲操井臼，兼持馈浣，下抚弱息，上事病姑，跛往报来，走无停趾，临深登高，日事征行，皆扪足叹嗟，愁眉掩泣，或因登梯而坠命，或因楚痛而伤生。若夫水火不时，乱离奔命，扶夫抱子，挟物携衣，绝涧莫逾，高峰难上，乱石阻道，荆棘钩衣，多有缢树而弃生，坠楼而绝命者，不可胜数也。即使治世承平，富家大族，婢妪盈前，安坐而食，而人伦有礼，疾病不时，仰事俯畜，接亲应友，能无劳苦乎？且劳苦即不足道，而卫生实有所伤，血气不流，气息污秽，足疾易作，上传身体，或流传孙子，奕世体弱。是皆国民也，羸弱流传，何以为兵乎？试观欧美之人，体直气壮，为其母不裹足，传种易强也；回观吾国之民，尫弱纤偻，为其母裹足，故传种易弱也。今当举国征兵之世，与万国竞，而留此弱种，尤可忧危矣。

夫父母之仁爱，岂乐施此无道之虐刑于其小儿女哉？徒以恶俗流传，非此不贵，苟不缠足，则良家不娶，妾婢是轻。故宁伤损其一体，而免摈弃其终身，此为一人一家之事，诚有茹苦含辛而无如何者。若圣世怀保小民，一夫之有失，时以为予辜，一物不得所，引以为己罪，而令中国二万万女子，世世永永，婴此刖刑，中国四万万人民，世世永永，传此弱种，于保民非荣，于仁政大伤，皇上能无恻然矜之，怒然忧之乎！

臣尝考裹足恶俗，未知所自。《史记》利屣，不过尖头；唐人诗歌，尚未咏及；宋世奄被，遂至方今。或谓李后主创之，恐但恶风所扇耳。宋人称只有程颐一家不裹足，则余风可知。古今中外，未有恶俗苦体，非关功令，乃能奄被天下，流传千年，若斯之甚也。其可骇莫甚焉。以国之政法论，则滥无辜之非刑；以家之慈恩论，则伤父母之仁爱；以人之卫生论，则折骨无用之致疾，以兵之竞强论，则弱种辗转之谬传；以俗之美观论，则野蛮贻诮于邻国。是可忍也，孰不可忍！

且国朝龙兴，严禁裹足，故满洲妇女，皆尚天足。凡在国民，同隶复帱，率土妇女，尤宜哀矜。且法律宜一，风俗宜同。皇上怜此弱女，拯此无辜，亟宜禁此非刑，改兹恶俗，乞特下明诏，严禁妇女裹足：其已裹者，一律宽解；若有违抗，其夫若子有官不得受封，无官者，其夫亦科锾罚；其十二岁以下幼女，若有裹足者，重罚其父母。如此则风行草偃，恶俗自革。举国弱女，皆能全体；中国传种，渐可致强。外人野蛮之讥，可以销释。其裨圣化，岂为小补！伏惟皇上圣鉴。谨奏。

欧洲十一国游记自序

　　将尽大地万国之山川、国土、政教、艺俗、文物，而尽揽掬之、采别之、掇吸之，岂非凡人之所同愿哉？于大地之中，其尤文明之国土十数，凡其政教、艺俗、文物之都丽郁美，尽揽掬而采别掇吸之，又淘其粗恶而荐其英华焉，岂非人之尤所同愿耶？然史弼之征爪哇也，误以为二十五万里。元卓术太子之入钦察也，马行三年乃至。博望凿空，玄奘西游，当道路未通、汽机未出之世，山海阻深，岁月澶漫。以大地之无涯，而人力之短薄也，虽哥伦布、墨志领、岌顿曲之远志毅力，而足迹所探游者，亦有限矣。然则欲揽掬大地也，孰从而揽之？故夫人之生也，视其遇也。芸芸众生，阅亿万年，遇野蛮种族部落交争之世，居僻乡穷山之地，足迹不出百数十里者，盖皆是矣。

　　进而生万里文明之大国，而舟车不通，亦无由睹大九州而游瀛海。吾华诸先哲，盖皆遗恨于是。则虽聪明卓绝，亦为区域所限。英帝印度之岁，南海康有为以生，在意王统一之前三年，德法战之前十二年也。所遇何时哉？汽船也，汽车也，电线也。之三者，缩大地促交通之神具也。汽船成于我生之前五十年，汽车成于我生之前三十年，电线成于我生之前十年。而万物变化之祖为瓦特之机器，亦不过先我生八十年。凡欧美之新文明具，皆发于我生百年内外耳。萃大地百年之英灵，竭哲巧万亿之心精，奔走荟萃，发扬飞鸣，磅礴浩瀚，积极光晶，汇百千万亿之泉流而成江河湖海，以注于康有为之生世，大陈设以供养之，俾康有为肆其雄心，纵其足迹，穷其目力，供其广长之舌，大饕餮而吸饮焉。

　　自四十年前，既揽掬华夏数千年之所有。七年以来，汗漫四海，东自日本、美洲，南自安南、暹罗、柔佛、吉德、霹雳、吉冷、爪哇、缅甸、哲孟雄、印度、锡兰，西自阿剌伯、埃及、意大利、瑞士、奥地利、匈牙利、丹麦、瑞典、荷兰、比利时、德意志、法兰西、英吉利，环周而复至美。嗟乎！康有为虽爱博好奇，探赜研精，而何能穷极大地之奇珍绝胜，置之眼底足下，揽之怀抱若此哉！缩地之神具，文明之新制，不自我先，不自我后，特制竭作，以效劳贡媚于我。我幸不贵不贱，无所不入，无所不睹。俾我之耳目闻见，有以远轶于古之圣哲人，天之厚我乎，何其至也！

夫中国之圆首方足，以四五万万计。才哲如林，而闭处内地，不能穷天地之大观。若我之游踪者，殆未有焉。而独生康有为于不先不后之时，不贵不贱之地，巧纵其足迹、目力、心思，使遍大地，岂有所私而得天幸哉？天其或哀中国之病，而思有以药而寿之耶？其将令其揽万国之华实，考其性质色味，别其良苦，察其宜否，制以为方，采以为药，使中国服食之而不误于医耶？则必择一耐苦不死之神农，使之遍尝百草，而后神方大药可成，而沉疴乃可起耶？则是天纵之远游者，乃天责之大任，则又既惶既恐，以忧以惧，虑其弱而不胜也。

虽然，天既强使之为先觉以任斯民矣，虽不能胜，亦既二十年来昼夜负而戴之矣。万木森森，百果具繁，左捋右撷，大嚼横吞，其安能不别良楛、察宜否，审方制药，以馈于我四万万同胞哉！方病之殷，当群医杂沓之时，我国民分甘而同味焉，其可以起死回生、补精益气，所延年增寿乎？吾之谓然，人其不然耶？其果然耶？

吾于欧也，尚有俄罗斯、突厥、波斯、西班牙、葡萄牙未至也；于美也，则中南美洲未窥，而非洲未入焉；其大岛，若澳洲、古巴、檀香山、小吕宋、苏禄、文莱未过。则吾于大地之药草尚未尽尝，而制方岂能谓其不谬耶？抑或恶劣之医书可以不读，或不龟手之药可以治宋国，而犹有待于遍游耶？康有为曰：吾犹待于后，遍游以毕吾医业。今欧洲十一国游既毕，不敢自私，先疏记其略，以请同胞分尝一脔焉。吾为厨人而同胞坐食之，吾为画工而同胞游览焉，其亦不弃诸？

孔子生二千四百五十六年即光绪三十年冬至，康有为记于美洲北太平洋域多利之文岛故居寥天室。

希腊游记（节选）

希腊岛地域甚奇。大半几周以海，号称半岛，而突出二千里，广数百里，故几同海国矣。且凹凸杈枒，又有无数岛屿辅之。其中剖地为二，有内海以交通，故吞吐山海，牙角崎嵌，不可思议。

吾自雅典乘汽车至可连士易汽船，穿内海二千里，至北极之可孚岛。群山连亘，突兀起伏，变化波峭，雄秀奇妙，亭亭媚妩，宇内少有其比，惟意大利、那威及吾江浙与日本间稍近之。其在北者稍粗豪，群山奔走，龙飞凤舞，至极南之端以渐淘汰其粗，则秀美而稍特，独臻其胜。东坡诗所谓"端庄杂流丽，刚健含婀娜"矣。况又与海波相映带，遥遥二千里，如美人照镜，罗袜凌波。

而雅典都邑，三面半环山，惟西南一角临海，尚有小冈障焉。以山为郭，中开数十里平原。而郭中冈阜耸起，皆山石嵯峨，绝无平迤冗沓者。北有崇山中穿至城中，突起石冈，高十余丈，曰厄岌坡利士冈。为京城之镇，气象駊騀，古寺庙、议院胜迹多在其颠麓，王宫在其前。

吾乘马车登冈颠而望全城，侧睨海波，俯瞰邑野，群山嵯峨而合抱，海水喷激而飞扬。西南一冈，为囚索格底之狱。冈外海角名沙林士，即昔战拒波斯，大坏波人军舰数百艘，大流士王遂遁。夫以百万之师船，临蕞尔小国之京邑，而雅典能以数万之众破之，用以保其文明，导扬光大而传于欧土。雅人虽文乎，其武功之盛，惟项羽以三万人破章邯百万之师可比之。嗟乎！岂非山川奇秀，吞吐海波，有以致之耶！迄今登冈顾盼，古堂遗庙，败堵危墙，壮丽遗模，林立可指；郁郁多在，历世多祀，垂二千余年，金石不刊，巍峨犹昔。尚想其制作之伟盛，政俗之风流，令人慕仰徘徊，摩挲感慨于不尽。

盖雅典人以美为大义。夫美者，情所爱乐。号称圆首方足含识之伦，孰有好恶而憎美者？墨子至仁矣，然尚俭太过。庄子以为其道太觳，失天下之心，天下不堪，故去王远。孔子以人为道，故以文为尚，是以其道能行。盖文者美也。美之为义于文之中，又充实华妙中于人心焉。盖文之至矣，安得不为天下后世师乎！盖雅典之山川至美，又有海波浩荡之，故其人之文物义理以美为尚。夫人类之生多本于山川之观感，如生于沙漠及卫藏地，虽有聪明睿智之灵，岂能为文美之制作乎，中华、印度皆大陆，巴比伦、埃及皆江流，其人文美之好尚，必不如海波瀰渺之岛国为尤华妙矣。况希腊后起，兼有埃及、巴比伦、亚述，唯尼士之文明，易于躔事增华乎！故雅典之文明皆雅典之地为之，非人力所能强致也。今虽枯山瘠陆，广地不毛，而他日气运转旋，必有复荣之候。雅典重生未必无日，但必非今日而在千数百年后耳。

厄岌坡利士冈，全石，顶平麓峭，古迹大者萃聚于是。四千年前，巴拉士觐始作庙冈颠，古名诘伋比亚。车至山上稍平，即为庙门。历崇阶七百级，乃至颠。左右廊门如二柱，迫住迦拉厘所作，在西历前四百四十年，当吾春秋末也。左为厄天拿观，石壁颇完好，前廊四柱，盖纪三战功之观也。一胜波斯，一胜玛拉章，一胜斯巴达。于此俛望，城阓广密，山海雄奇，最胜矣。

入正门之左为噫叻地庙，古祀雅典之首王者。左有五柱，横楣尚完，前后半垣颓，惟前亭四柱刻人像为之甚精。今欧洲宫室伟丽者，刻柱为像，即仿此也。比行数十步，至高平顶处，为扒地嫩庙。堂皇宏壮，方广十余丈，每行十八柱，柱皆伟大莹滑，盖雅典之最瑰构矣。各庙皆用文石极精，皆取材于编梯利觐大山，盖冕呢华第八所作也。此为雅典最高处，周望都邑，山海尤胜，如京师之煤山、钱塘之吴山、吾粤之粤秀山、桂林之独秀山、福建之乌石山矣。此庙数千年犹完好，其稍坏者则近数百年，郅那华人来攻，炮弹所败者也。吾徘徊览眺，感不能言矣。议院亦在此冈麓，今全坏矣。以冈为基，仅存石址十数级，甚峻；上平台，正面左五级，右三级，又左五为议屋。此院虽坏，而基址完好，盖大地民权国会之先师，最为可珍，亦以此为基者也。登此乎如见梭伦诸贤抵掌高议之丰采焉。

希腊以富级为议员之例，虽似不平，然亦权利义务之至论也。且贫民为农工者，未必通政治，若平等行之，恐成暴民之政。今南美共和国多大

乱，惟智利以富级为政独能治，盖师希腊也。然共和民权，只易行于小国，故卢梭谓共和政宜行于二万人之国；故希腊之能创民权政治者，实只希腊能之。若吾中国之大，虽有圣者善政，必不能创此义。盖希腊蕞尔，已分十二国，国小而民寡，又多富民秀民，地僻于海岛易守。国小则易于交通，民寡则易聚集；富民秀民多则其势平等，而难以一人行专制。即如今者，瑞士以二十二乡合国，只立议长，不设民主，而能治安也。又如意之嗹尼士、佛罗炼士、郅那华，德之汉堡、伯雷问、吕壁，皆自然创立民主国，亦以地小民寡故耳。若吾中国，自黄帝时即已征服万国而统一之，泱泱大陆，比于全欧。假令立民主乎？则道路不通，纪纲不立，中国反不能强，不能安，而为人所弱，或分乱成多国久矣。数百里小岛，与数万里大陆形势至反，故政法亦至反。惟其相反，是以各得其宜。若今日之宜行国会，实因物质发明，铁路、电线之缩地为之。此又与旧地相反，而政治亦宜反矣。或者徒以近事责古人，则未知事势也。然民权、国会，公理也，义之至也，势所必行也，但待其时耳。今乃其时，于是希腊之政法，遂为法于天下。

环厄岌利士冈之上，分为罗马戏场，在西历前四百五十年，曰噫罗爹士厄的哥士，高五层，自冈足至颠。今其下三四层多有存者，列如城门，尚百数十户，皆圆拱式，石壁巍峨，刻画精工。其规模之大，令人惊叹。其旁为绥士庙，十二柱甚完而壮，柱上横楣亦完好。庙旁为希腊大戏场，乃西历前五百三十年，亦依山为之。其零石断碣败柱无数，有石几甚完好。石多刻像，多完好而精美者。其巴孤士酒神石十二像，坐立跪各精妙，摩挲不尽。

议院冈外之石冈，横亘如平台，削石成壁，古为狱室。其梁之孔犹在，即囚索格底死是间。狱开三户，中户大，左右长方。户有铁柱，左方户十三柱，二横；中户十五柱，四横；右方作铁栅可开。其中以现成石室为狱室，阴阴袭人，想见索先生之惨也。抑索先生为学为厌，诲人不倦，明其明德，至今数千年，尚放大光明。人谁不死？如索先生亦何尝死乎！索像奇瑰而头甚大，匹布缠身，行縢缠足。希腊之服，几似印度，太不文明；故罗马从之，亦极不文明，盖地太热故也。

可连士，古希腊名国。今之得大名者，则以掘地新搜出古城也。曰搜日大，德博士常驻此搜而购之。今已有半里许，他日不可量，或与罗马之邦渒并美矣，而古尤远过之。德以一兆金买其石之有像刻者，置柏林博物院中。吾昔曾摩挲，不意今亲游其地也。停车处有博物院三间，古瓦石堆满，有人司之，专以搜新出土者。古城前丘阜絫砢，今多堆画石。渐入至正堂之基，尚得数尺，路边基上，堆画石无数。堂后引户数十，上顶铁柱，下有喷泉，亦有暗渠，以铁管运水。其户内横方，希腊式，外半圆，罗马式。将来可开之户尚无数。此在西历前六百年。旁又一堂，尚存七柱，则西历前七百年，当吾春秋前矣。循路而行，道窄而屋甚少，盖昔皆妓馆，凡千间，皆石室，亦略与邦渒同式。在希腊时，可连土繁富甚，故能容千妓馆。于是千妓馆遂为可连士最有名之事物，号为金星祠。其浴室尤古而奇，以天成三丈之大石凿成喷池，激水上下；开数斜道以流水，互相通，可居可浴，制甚诡。昔有罗马将军爱一女，两年，已而淡置之，女忧而服毒，医者救之，居此石室。此石浴室在西历前一千一百年，在我周文、武时矣。此外绕道漫山，皆新开之堂室，堆石两旁无数。以吾所见，各国搜出古城之大且多，此为第二矣，将来必为最名胜地。今以太僻，几禁不严，吾得持多石以还。复至停车处，热甚。饮水游地近人家，草圃豆棚，瓜架粪道间，皆堆古文石像极精，而他处不可一睹者。诚非希腊，不得有此矣。吾国开博物院，希腊石像为大地第一精妙物，必不可少者。宜来可连士采购，且宜速，迟则恐不易买矣。山上有石垒甚新，乃四五百年前威尼士人来据此而筑守者。雅典毕参利士皆然，亦可想见威尼士人之雄矣。孟德斯鸠谓《贺梅诗史》时，希腊之都会，先盛于士兔拿岛，以其近黑海，自东徂西，营商者先焉；又多金，故盛。及商团间中衰，而可连士与阿连比士两市府，殷赈大兴。斯拓拉保言岁星偏爱阿连比士，故富乐。亦极称可连士之富实。诚以可连士辖毂全希，中分两海，为卑鲁波匿苏之起讫。马列阿山势远入海中东西二流，山水同会于可连士，南揭亚洲之输，北受意大利之灌，故禽受希腊诸部之商业，远先于雅典，而又过之。故民巧物华，为希之冠。久之既富而淫偷，为金星祠以祀情爱女神，度宫女千人为祝。史家雅沁尼撰美女名艳者多出此，即吾所见所谓千妓之室是也。若雅典尚为后起者矣。后罗马人来，全夷之云。

自可连士渡河，其渡船以铁链缚之。马车行二十余里，至海边迦拿恶止焉。客舍有文石之温泉，浴室甚洁。倚阑夜饮，望海月流波，感慨希腊

故事，欷歔不绝。北市之开，仅十五年，甚得他要，他日当成大埠。小睡至夜一时起候船，至三时行。船甚小，热极，卧船面。晓六时至衣爹而泊焉。衣爹，海边小市，人家数百。而为名地者，以为爹非必经之路，而候船之所也。

爹非，希腊古名国，开在西历前五百九十八年。土人传上帝乘龙寻得温泉于此，乃命僧建寺云。雅典人曾来战争此地。于是时多美园宅，皆文石，遗基多存焉，后无人居。盖希腊种人，于是尽矣。近六十年，德人始来开辟。自海上望之，楼阁冠冈麓，后枕山林，高一千八百八十尺。由衣爹乘马车一时许，可盘旋至。今所存古迹，有鸭婆罗庙甚大，且完好。古戏场圆规甚大，可容万数人，想见当时立国之盛矣。其余小古迹数四。亦有博物院，搜存石像无数。希腊凡四博物院：雅典、可连士及爹非与阿连比亚，而斯巴达无之。

自爹非乘船西渡可连士之海，乘马车共六时，至阿连比亚，盖亦希腊古名国也。古迹颇存，有绥士神庙，甚壮丽；有大体操校，皆文石为之。希人之能创体操久矣。又颇有工厂焉。惟车行大陆，野无青草，山川虽秀，而沙尘滚飞，热日炎蒸。有客舍可宿，惜甚小矣。

翼日复至衣爹候船，行一日，至斯巴达。斯巴达背山临海，希腊古名国也。其地当希腊内海北出口处，与雅典为希腊南口，为两极矣。故都会最大，人家万数，市井繁盛。其市制亦有类君士但丁那部者。货物骈阗，官署敞场，花木整整，士女凑集，然一切皆似君士但丁那部。近虽有雄冈走云，石势駊騀，冷草绵伏，粗势莽苍，宜其民强武而不文也。与雅典山之秀丽相反，宜其政俗亦相反也。然国实蕞尔，不过吾一州县耳，故喀来能束以为兵而妙用之。

康有为

保存中国名迹古器说

　　驱车埃及录士京，崔崒嶓峭于尼罗河边者，非六千年之宫庙耶？华表峥嵘，壁柱楣楹，抱以十围，文字画像，完好可惊，柱像数丈，精妙肖形。其他石之盘匜、椅桌，金之钗钏、印贝，纸之文书、绘画，越世六千年，光彩炫烂纷如也。夫六千年间，埃及之变乱多矣，断础颓垣，其碍地甚矣。使在吾国，地址则开之以为街，文石则移之以为用，可以资众而获利，何事留此断础残垣于夕阳残照中也？甚矣埃及人之愚也？

　　过希腊雅典之墟，登厄圾坡利冈而四望，崇构杰柱，白石嵯峨，若者坐四万人之戏园也，若者破波斯之纪功观也，若者祭天扒地嫩之大庙也，若者议院也，若者熊碑也，若者封神之庙也，若者赏歌伶、品物之华表也。其他佳石之像精妙文美，千百相望，与断础颓垣纵横于城市夕阳残照中。其哥林之古墟，斯巴达之遗址犹是也。夫雅典至今二千余年，其经变乱多矣。使在吾国，地址则开街以增民居，文石则移之以为壁础，金则镕之以为钱饰，纸则烧之以为炊爨，可以资众而获利焉。何希腊人大愚而不知之？

　　登罗马城之七冈，弥望十里，奥古斯敦之遗殿，尼罗之故宫，君士但丁之遗宇，第度大哈练之坊表，断础颓垣，纵横于斜阳夕照之中；精妙之像，文美之器，百千万亿，枕藉于荒烟蔓草间。过者流连抚摩，徘徊而悼叹之。夫罗马至今二千年矣，其经变乱多矣。罗马大都会中，尺土寸金，岂容断垣颓础之占地十里也？使在吾国，地址则开街以增民居，文石则移之以为壁础，金则镕之以为钱饰，纸则烧之以为炊爨，可以资众而获利焉。何罗马人大愚而不知之？

　　乃至印度佛之讲堂，婆罗门之塔庙，蒙古帝沙之刊之宫陵，及夫印度故王之宫室器用，阅今数千百年，岿然凌触云表。乃至波斯六纪时衣士花

139

间及波士淡之陵寝，大亚罢土王之故宫，及苑囿与壁瓦，千年矣，及亚谟寺、刊尼亚寺、卡善之玛善迭寺、亚爹悲路寺，皆七八百年，崇峻华诡，今犹存也。夫印度、波斯古物至今数千年，变乱多矣。使在吾国，地址则开街以增民居，文石则移之以为壁础，金则镕之以为钱饰，纸则烧之以为炊爨，可以资众而获利焉。何印度、波斯人大愚而不知之？

过欧洲英、德、法、奥、意诸邦，虽小都邑，皆有博物院焉。收集其乡邑之古物，前贤之遗器，某功臣、名士、诗人之片纸只字、遗衣残物。以吾所游，如英华式达尔文之所居小室，必保存而郑重之；格兰斯顿少时学堂读书之室，黑黝粗暗，租价数倍；昔士卑亚之室，则留为图画矣。其在德国，往古英雄贤达之宫室、器物尤盛。刊士但士之珍，呼士克斯之室狱器物，埃士拿之宝，马丁路德之屋庐器物；乃若诗人梯缺之故宅，空空无物，亦保存之；揩鲁壁大学，尚有十三四纪之墙壁板扉，朽旧污败，有古旧学生之涂鸦恶画，及俾士麦刀划之桌，剪剩之须发，莫不存焉。法国于拿破仑、窝多、卢骚之流遗器物，珍藏极盛。意大利于画师拉非尔藏枢古宫，与今意大利始王伊曼奴核并列焉。其遗图游踪，无在不有纪念。其于西班牙也，科仑布纪念尤尊，以四锦衣人扛其棺。他若某名士所用之笔，所坐之几，所游之境，一一皆纪念焉。德之暖壁十二纪之室屋，卑污荒矮，颇类吾国，环其半城，至今保存之，不居不拆也。凡此朽旧霉烂之宫室，残缺刓委之器物，果何用哉？以言闹市之地，则尺寸千金，何必存此古旧断烂之宫室，空占要冲之地乎？拉非尔一画，价值百万。其他名人遗笔，动值万千。以言观则不美，以言用则无所，何事竭不资之费，以为此无用之事乎？彼欧人岂皆大愚耶？乃至彼埃及、希腊、罗马、印度、波斯不知毁大宫室以开街筑屋，售石以移用，岂非皆大愚哉？然而彼欧人保留断垣遗础之地，珍重古器旧迹之遗，甘置无用，甘费不资，乃至特设有司经纪之，特立专会讲求之，特拨租税之公款日搜求而保存之。

此犹言远者，近徵日本都邑、村社、古寺、旧庙，莫不珍存古迹，保藏古物。零缣断简，败器坏瓦，所在皆官保存之。收钱数枚，而看护者带观焉。其社寺保存会，隶于内务省；古物保存会，任之士大夫公共保之。其号称国宝者，特归国有，不许流于外焉。比灭高丽，则已设专馆，搜其图书名器，别为国宝而保存之矣。今意大利之名画，希腊之古物，亦皆类是。吾购希腊之古尊罍，既购得矣，令之裹封欲携归，售者告曰："必告我外务大臣。"为此特留数日，以将开博物院告，待外务大臣之许可，乃得携焉，否则不能购也。

以上所云云，犹为文明国也。乃若墨西哥之陋，其文部犹专设搜辑古物之司，岁拨百万巨帑为搜剔古物之用。吾游其古日坛、月坛，去京千里，掘地百人，搜求遗器，印之、图之，墨之文部，以总统爹亚士命，赠我十册。甚矣墨之僻陋而文明乃若此也！今埃及、希腊之人，盖设有司日以发地古藏为事，各国多特派博士从事焉。金字陵前之星士，人首兽身者，长十五丈，首高六丈。昨日发开之中为大殿日月石数百，及他异宝存焉。万国传电而相惊告，以吾国人见之，岂不大可笑哉！

盖凡物之理多矣，有以有用为用，亦有以无用为用者。夫保存英雄贤哲之宫室器物，则必于英雄贤哲之行事讲求之。其雄伟超迈之概，其特达英多之象，如戏剧然，感现于人目，而往来于人心。夫人之性不感不发，不触不动，故读书之所得，不如戏剧之所感。盖其兴会淋漓，气象真切，有以鼓动激发，优游浸渍，感动转移人于不自知者也。而后之人，感慕往迹，流连摩挲，车马之徘徊，诗歌之咏叹，其趣味倍深而兴起倍易焉。岂不曰"彼丈夫也，我丈夫也"，稍有志者，辄作是思。故人才辈兴，风厉踔发，则所得多矣。故凿户牖以为室，当其无有室之用；埏埴以为器，当其无有器之用。若宫成而无户，则何以出入；衣成而无衽，则何以展行？嗟乎，无用之为用大矣！故夫立法者识见周博，不泥于偏曲，不囿于闻见，而后不败也，难矣哉！

还观吾国，固以礼义文明自夸为中国，而鄙人为夷狄者也。然自长城、邗沟外，数百年之建筑罕觏焉。遗器大宝，惟周十石鼓耳。九鼎既沉于泗水，雅乐复毁于契丹；太公钱，孔子履，又焚于晋库，亦罕觏矣！盖自项羽焚秦阿房之宫，而汉武之筑建章，而增未央、井观楼、通天台，高五十丈，金铜仙人掌尤巨丽焉，乃皆焚弃矣。曹操铜雀，石氏金虎，皆夷毁于北齐。而齐高洋宫室之诡伟，皆为周武帝所移毁。南朝梁、陈之宫，后主临春、结绮之丽，经隋灭后亦毁之。而隋炀穷奢，尤多奇制，其图画馆设机，立以金人，践机则自开阖门户；而宇文恺之制行城，尤为奇伟之器，然经乱尽毁，及唐而不见之矣。然周公指南针之用，先行之于罗马，以为征灭海国。墨子之飞鸢，游天三日；偃师之木人，演剧如生。张衡地动仪图，犹存于日本大学之博物院；诸葛亮手创之木牛流马，祖暅之手创

之轮船，吾国早已无存矣。如使奇物犹存，则物质机器之学，横行地球，前民利用者，不在欧洲而在中国矣。

试游生番之室，或凿石穴居，或团木支柱。其稍进者，则葺茅为庐，伐木为屋，衣皮蔽布，猎狩取鱼，斯极厥初生民之乐事矣。又进而重墙练瓦，披衣铺席，釜甑为烹，刀匕为食，衣以绣彩，坐以床几，斯则各国文明进化者矣。其在吾国，农工商贾，衣食是求，负耒执斧，握算持筹，仰事俯畜，饱暖无忧，故观于其室，惟有用器而无玩器焉。至学士大夫，则书厨画室，名书古器，宋磁明漆，商、周鼎彝，汉、唐金石，纵横于高斋，合集于斗室矣。此皆清娱之具，玩好之事，非为米盐酱醋、布帛绢匹，可食可饱，可衣可暖者也。然米南宫抱画而欲溺死，唐太宗挟兰亭以殉葬，其他名士家无担石，妻子饥寒，然售田典衣以购古董。若是者，其为不适于用至矣。然凡此其人，必风流文采，有声于时，有闻于后者也。其与大农富商，室中皆为用器，食廪堆粟，金钱满家，何其远也！欧人则中人以下，农工商贾之家，其厅事皆陈古器，其游踪必携远物，以夸于宾客，以传于子孙，或捐之公众焉。其意识不为用物是宝，兹可怪也。然人道之文野，程度之高下，于此判然矣。吾国宋、明以前之宫室，既绝无留存，六朝、唐之器物，遗留尤绝少矣。若周、汉以上，更不待言。以吾四万万人倍于欧洲二十国之民数，而古迹古器若兹其少也，其欲以感动兴起后人之心，增加文美，浚发制巧，抑亦难矣。然乃以举国之大，无一博物院，即图书馆亦寥寥也，不能比于欧美之一乡一邑，乃自称文明文明，其为惭耻孰大焉？

盖中国古器，自周、秦至今，大厄凡七，小厄不可数焉。《史记》曰："始皇铸天下兵器，为十二金人。"兵者戈戟之属，器者鼎彝之属，秦政意在尽天下之铜，必尽括诸器可知。此一厄也。后汉董卓更铸小钱，悉取洛阳及长安钟簴、飞廉、铜马之属，以充铸焉。此二厄也。隋开皇九年四月，毁平陈所得秦、汉三大钟，越三大鼓；十一年正月丁酉以平陈所得古器，多为祸变，悉命毁之。此三厄也。周显德二年九月一日，勅除朝廷法物军器官物及镜，并寺观内钟、磬、钹、相轮、火珠、铃铎外，应两京诸道州府铜众器物诸色，限五十日内，并须毁废送官。此四厄也。金海陵正隆三年，诏毁平辽、宋所得古器。此五厄也。宋绍兴六年，敛民间铜器，二十八年出御府铜器千五百事付泉司，大索民间铜器，得铜二百余万斤。此六厄也。靖康北徙，器亦并迁。金汴季年，钟鼎为祟，宫殿之玩，毁弃无余。此七厄也。凡此皆朝廷作贼，邻国为灾，破坏文明，不知宝惜，令我恨绝，与杨琏僧伽何异？真惭见欧人者也。而二千年人民之盗铸，樵牧之摧残，则不足计矣。

吾游荷兰海滨，有蛋民皆操舟而业渔者，自彼十二纪居至今，千余人矣。不宦不士，不农不商，不婚于外，今犹衣古服，不入城市。其室如船极长而低，盖牵船岸上住，而令仿其形焉。亦可谓至僻愚陋之野人矣。而室中自厅事卧内，厨具用器杂沓，惟周四壁独遍悬古磁碗碟，累累横竖列，家家以数百计，皆数百年物，花样色相奇变华妙，濯洁无纤尘。吾出重资欲购之，不售也。后托旅店辗转求之，乃得十五纪一碗以归。彼蛋户，渔世家也，而所好尚宝存古磁，乃若此其高逸也，吾国人真愧欲死。

以吾所见闻粤东近事：长寿寺之伟丽，筑于前明。其后园半帆亭之石，移自太湖，久为名迹。若此土木，虽今以百万金为之不可得也，乃竟毁之而开街也；铜佛大丈余则熔之而卖铜也。梧州之冰井寺，开自有唐，梵宇无多，而山水清瑟。此亦名迹，宜保全者也，乃假缘开学，无端毁之。夫佛教为一大教，虽有盛衰，然岂长吏一时爱恶所能毁也？突厥即无道，亦不过取他教之庙改奉其教，未尝取而毁之，借曰攻异端也。则天主之堂巍峨参云，谁敢过问之耶？以佛教而毁之，是欺弱也。吾国山水佳趣，多赖僧寺，岂徒宗教有关，实于风景有补；又多古迹，足资考求。英人灭印度，于其教宗古迹，犹派官吏发特金，以保全之，何况吾国乎？即故家旧物，实关一国之美术。日本之于日光德川庙也，郑重守之，游者人一元，岁收数十万金，益以饰其公园之台榭花木。欧美人游者日夥，乃筑大旅馆于山中，益增名胜矣。日人于一切名胜古迹，虽至小不足观者，亦多为影画以发明之，设为向导以便览者。于是日人之文明，啧啧于欧美人之口。其有温泉，则大表彰之，点以园林，增以旅馆，而欧美人之游者日多。既增文明，又添游屐，所得金钱以资国民，亦不少矣。法国于外人游巴黎者，岁十万万；即日本岁计外人游资，亦二三千万。盖今之新法以饰名迹，盛游历，亦为国民生计之一道焉。而我有名迹古器，乃不知修美之，又从而毁弃之，何其愚智相去之远也？日本于日光德川庙，一猫之刻画；于奈良春日社，一鸟之精雕，摹绘图写，炫其美术。欧人之保全古美术尤甚矣。

以吾所见，十八甫伍紫垣旧屋，其子伍子升，尝一一与我观焉。其屋深十八层，广十一座。其门窗栏槛屏槅刻花鸟人物，及方圆曲折之形式，无一同者；皆以檀楠美木，木亦无一同者。徒指一圆窗槅告我曰："此费千金，又皆乾、嘉间之名工也。"吾细视之，精致见毫发，飞动若鬼神。若在今日，虽万金不可得也。全屋皆若是。吾意全中国之宫室，雕刻之精美，未必有能比之者。其后园石山十余亩，奇秀，皆太湖石为之，乃毁弃之而开街。其伍氏别墅，在河南海幢寺旁，水木清瑟，堂榭华严。昔张之洞饮酒于是，叹为未尝见者，今亦毁之而开街矣。吾粤百年前千万之巨富，号潘、卢、伍、叶，其祠室园林，皆精绝冠一时。以吾少年，犹见叶氏之祠。潘氏之园曰海山仙馆。今叶祠改为十二甫之街，而海山仙馆化为平田。若广东巡抚署，则平南王尚可喜所筑，规模宏敞，将三百年矣。而亦闻以百万出售，亦有议开街者焉。故以广东开辟二千年，除光孝寺之铁塔，布政司署之乾德殿铁柱，及大钟楼五层楼外，无可数焉。若问昌华苑故址，则为每每原田，不知几何世矣？回之文明，非比欧人也。吾游西班牙之迦怜拿大，彼八纪之回王故苑，于今犹在。亭池门径，一一犹存，千二百年之故物也。指某楼曰，昔某某太子于是也；某楼，昔某某公主居处也；某堂，昔召见外使处也；某石碑有血迹，曰昔杀某大臣所染也。即波斯尚存其六纪之宫苑，而埃及、印度无论矣。若我中国乎，则沈炯所谓："凌云故基，共原田而朊朊；别风余址，带陵阜而茫茫。"羁旅劳臣，能不落泪？真可落泪矣！试问至近南京之明故宫，其尚有荒台遗殿否乎？盖已灭迹扫尘，一无所有矣。又何慨乎刘铁之遗宫苑哉？过西湖而访宋人之宫室园囿，若《武林旧事》之所铺排，《癸辛杂志》之所详录，岂有片瓦遗址之尚存者乎？"秦中自古帝王州"，益无可问矣！欧人之贼，能爱惜名迹古器，而吾中国帝王士大夫，乃不能保全名迹古器，岂不大耻哉？吾往游庐山，问古者九十九寺之遗迹，则焚余无几矣。哀哉！吾中国之人，有残贼之性，岂徒不如欧人，其愧于波斯、印度人远矣！

天命推迁，前朝已矣！帝王之仪，不复再见，而帝者之遗物尤为难得。以今之土木论，则燕京之宫殿、坛庙、园囿，皆金、元、明初之遗物，皆经五六七百年之风霜矣。宫殿之雕镂虽不精，其广大宏巨，以吾遍游大地，实万国之所无。其坛庙实为吾国数千年之大典；其苑囿窈窕，亦冠绝东亚，而为大地之特色焉。其他彝鼎图书，网罗三代之珍，收拾汉、唐之美，中国之精华，多在内府焉。其历年久，其财力厚，故也。闻奉天宫殿所藏古磁玉图书，外人叹羡。康熙、乾隆之磁，得一可为珍宝者，而每朝以数万计。此皆吾国之瑰宝，数千年之精华，可以兴起后人之志，可以观感后人之美，可以著耀中国之文明，而发扬光美之，所以异于野蛮者此也；可以招外人之游屐，而徘徊感动之，所以为理财之计者在此也。法之革命后，今栌华宫以为博物院，徽赊喇宫、方甸部罗宫及一切古宫遗苑，皆供国民游赏。英灭士葛伦后，今其故宫亦供人游焉。今吾遗宫殿坛庙，正宜修饰而保护之，以著吾国之文明，以供国人之游赏。择一二处以为博物院，虽未能广罗大地之奇珍，而先收吾国之图书宝器，山巅水涯之所出，岩穴丘陇之所藏，故家旧族之所珍，皆可合成此院以光大之。中国之珍，尤在内府，万方贡献，前明遗储，皆集焉，前所谓中国数千年之精华在是也。夫一国之图书宝器，足以启发国人之聪明，感动国人之心志，动怀旧之念，发思古之情，明审美之学，增致精之道，所关至巨。夫欧、美各国，勤勤于博物院，不惜巨费罗而致之，良为此也。凡人讽咏遗言，不如亲瞻遗器；盖十年穷乡之读书，不及一日之游博物院，感动尤深也。若图书宝器之皆无，文物精华之竭尽，在全国既枯槁而无色，在人民尤盲瞽而无知。所谓水烦则鱼鳖不长，土敝则鸟兽不大。童山无木，百虫不生；沙漠渺茫，百草不茁。精华既竭，褰裳去之，气象枯竭，亦亡国之兆也。乃者《永乐大典》之古册，敦煌石室之奇珍，郭守敬浑天之仪器，以及累朝玉玺，历代宝书，辇归异域，中国之枯槁至矣，后生之师法少矣。今者所余，益复无几，乃闻奉天宫殿之所藏，竟有议售为国用者。此之不能保全，实与卖国无异。我国人当以公愤而公保之，有售卖者当视为公敌可也。

若夫翰林院、国子监，今不知废弃若何？吴梅村诗曰"学舍有人锄菜圃"，又曰"废圃谁知博士斋"，"六堂弦管听销沈，极目萧条泪满襟"，今复见之。五百年文学之旧址，所以兴起后人文学之心，所关至巨，乃闻有工商部交争之狱，而举国公卿士夫无过问者。此非洲野蛮人不屑为之，而中国为之。其奇耻大辱，真普天下万国所未有也。若争翰林院诸君，而欲尚为中国人也，则可以止矣，否则鄙人几不欲与同为中国人矣！欧人于数百年之小校，遗瓦败壁，黝黑圬坏，更珍保之。诸君试游德之揩鲁壁、干士但士，又近之游英伦恶士佛、检布列住诸大学可见也。吾国子监、翰

康有为

林院，起于元、明之间，与彼诸校时相同矣。而德、英人珍宝之若此，我乃遗弃之若彼。此英、德之所以强盛，而吾国之所以危弱也。欧美人于古迹名胜宫室，非必用之也，但留其空室败墙之迹，使人守之，令游人徘徊焉，踯躅焉，感动焉，兴起焉而已。此所谓无用之用也。欧人岂不知毁其室，改其用哉，诚以无用之用，其用更大也。我国人徒知眼前之用，毁弃名迹，浸假而为马厩，浸假而为粪壤，令后人无可踯躅焉，徘徊焉，感动焉，兴起焉。其为暴殄之祸，岂有过哉？革命以来，各省大变，我耳无闻，吾目无见，各省焚琴煮鹤之风类于国子监、翰林院者，不知凡几也？其不沦为马厩、粪壤者，不知得几何也？吾愿吾国人珍重保之，勿为印度、波斯人所笑，以为甚于非洲野蛮也。窃以为若翰林院、国子监之类者，宜以为图书馆，广植花木，修饰亭榭，珍而存之。次之亦为公众游赏之地。再次之亦如欧人焉，仅存空屋败墙，不卖不拆，不改用，不租人，尚特费派人看守之资，以俾后生踯躅焉，徘徊焉，感动焉，兴起焉，为无用之用焉。如是，乃为文明人，而非野蛮人。否则，为野蛮人，宜供文明人之奴隶宰割而已。

欧美之图书馆、博物院有二焉，其珍重之品，有介绍者乃观之；其通行品，则听人人流览之。岂惟京师哉，凡吾国省府县镇，皆宜设博物院、图书馆，皆宜设保全古迹古器会。都邑人士相与竭力焉，郑重焉，请求焉，视为文明野蛮之别焉，以为后生之感动兴起焉。多为绘画、拓影、图记以彰之，严为守护以保之，设向导人以发明之，广招外人之游展，以使吾之精华，保千百于什一，其亦庶乎其可也。否则，碧眼高鼻者富而好古，日以收吾古物为事，恐不十数年，而吾精华尽去也。后日若文明大启，举国枯槁，无能救也。愿吾同胞勿视为不急之务、不切之事而置之也。

日记

康有为

印度游记

序

中国人之游印度者，自秦景、法显、三藏、惠云而后千年，至吾为第五人矣。然秦景、法显、三藏自北路行大陆来，逾越天山葱岭至克什米尔而入印度。吾自南路大海来，经新加坡、槟榔屿至恒河口之卡拉吉打而入印度。海陆之程各万余里，然大陆艰难，风灾冰窖，头痛身热，故六朝唐宋时，非高僧坚苦者不敢远游。今则海道大通，自粤来卡拉吉打者，月有汽船六艘，海波不兴如枕上。过粤之木工、履工集于印者数千人，吏于卫藏或商人多假途出入。岁月相望，视如门户。然而无一人记印度之教俗、文字、宫室、器用，发其祖父子孙，镜其得失别派，以资国人之考镜采择，以增益我文明，则谓为未尝有人游焉可也。黄懋材者，尝作《辅轩纪程》，颇能考藏滇之山川而不能言印度之教俗，盖非深于教俗政治者，不能游也。夫印度者大地之古董，教俗、文字、宫室、器用至古，为欧美文明祖所自出，文明所关至大也。与支那交通二千余年，自身毒竹枝蒟酱始入中国，及白马驮经而后佛典大译，浮屠新义及幡幢铙钹大行于中夏，以增长文物知识。夫物相杂谓之谓，物愈杂，则文愈甚。故文明者，乃智识至繁，文物至盛之谓。支那之文物大所加于印度，故印度之智慧不增，至今手食地坐，衣无缝衣。印度之文物大入支那，故支那之文明更广。心

147

学灵魂戒律塔寺是也。盖娶妇必择异姓而生乃繁，合群必通异域而文乃备。惜二千年之游印度者既极寡，或有其人皆佛法之裔，仅传佛之经典，而于印度之政俗婆罗门及诸教之瑰异，皆不及考举。印度至古之文明而委弃不收，此则二千年来最可叹惜痛恨之事也。吾昔于佛典中辑《婆罗门教考》，后于戊戌之难不存。然古今殊异，不经亲身目击，而但据残文以考大教，岂有当哉？今驱驰印度中八千余里，蒙沙犯尘，举耳闻目见而亲考之，乃皆为中土数千年所未闻者。恨不识梵文，不携传记，无从疏证引伸，自知略脱，亦何足言！惟举四库著录，无言印度近事者，姑纪日月所游，述其所见，庶几中土人言印度者，有所参稽云尔。其次编言印藏边事者，姑俟异日焉。孔子生二千四百五十二年为光绪二十七年十二月康有为自序。

孔子生二千四百五十二年为光绪二十七年十一月二日明夷子始至印度之卡拉吉打。先是久居槟榔屿英督署中，经年，槟榔屿暑多瘴，吾病累月，乃决居印度雪山中。且以印为大地第一古国，旧教如麻，及英新变政，必有可考观而益中国者。乃坐渣甸金生船以十月二十七日去槟，次女同璧通英文可任译事，携璧及妻婉络、黄榕生、吴积仁及仆妇阿娟行。同富以足疾有四弟李棠皆遣回粤。英巡捕官派巡捕十余人列植码头，驱逐闲人，用官船送至大船而返。二十七日船行槟榔屿海峡，回望全屿，苍苍山脉，自后直入，横列如屏，前铺坦地，雄秀独出，又握孔道，宜为南洋之巨市也。居此年余，望如故乡，渐出海峡，两山夹翠，西通印度，东达诸华，为海中第一通道。古者自隋元两朝征爪哇，明郑三宝下南洋外，鲜有过之。中国泥古少变，不讲殖民之学，久设海禁，故坐以南洋之地让人也。

二十八日二时，船行二百二十二英里，海浪如镜，风日晴平，但回首中原，去国日远，怀思悯悯耳！船主出印度图及恒河图，印度铁路图，相与考证。同船二英女出阿尔兰非利群岛诸影画同观。弱肉强食，天演自然，而惜非利群之阿军鸦道自主之不成也。

二十九日，二时船行二百八十四英里，船主出大吉岭影画相示，见雪峰插天表，铁轨盘岭上下，楼阁冠山，为之神往。海上时见小岛，晚过烟打问土岛 And aman，是岛长一百四十英里，广十四英里，狭处四英里，起经度十一度二十五分至十三度三十五分，纬度为英伦之九十三度。自缅至仰光西旁非顿Phaeton山脉走数千里，出于海面斜西行，盖护印度者也。入印度海，此为大岛矣，名了巴力尽呢士ahoi，印之野人居之，无衣服，下体仅有一带，色如酱，其始食人，今英以为移罪人之地，立都会于悲顺呢士，有二官及二医生焉。山多虎，船夜行其旁，犹闻虎啸声。

三十日，二时船行二百七十四英里。

十一月一日，船行二百二十四英里。

二日晓起见黄水，十二时入恒河口，船缓轮行千四百折，两岸绿树平畴，茅檐瓦屋，绝无寸阜，酷似吴淞津沽，盖大水下流多如此也。至五时抵卡拉吉打，行一百二十英里，为印度之都会焉。自槟屿至印凡一千一百六十英里，自香港至印度三千一百二十英里，凡为中土一万二百九十六里，汽船行十六日而至也。恒河发自罅诃须弥山，在行纳五河之流而入海口，广百里，其旁分十余枝河入海，广七百里，如山东九河入海形。印人称恒河者，译音甚正，英人名之曰坚治，亦如江水，欧人名之曰扬子江，此由扬州人先作译人，以其扬子江为长江名，而今欧美人沿为定称，不必其得真也。久读佛典之恒河，今亲渡之，与之习熟如黄河大江，已恍然如见古德说法时矣。船泊公园前，因投信巡捕官，故候次日乃登岸。晚望公园，车马杂沓，上岸少游，地平如掌，灯火繁星丽天，弥望十余里，夹以大树，此则伦敦犹逊其繁华□公地瞻远，印地所独也。船上多暇，与船主按印度沿海图，自卡拉吉打循海南一百二十英里至巴拉峡Palaser，自巴拉峡循海南四百英里至匪赊劫不但Viagapatam，是市人三万二百，又循海南四百四十英里至密他喇士人民四十万，有巡抚驻焉。当南印度之南，铁路四达，自卡拉吉打孟买外，为印度第三大都会矣。印度万里，惟此有僧，凡□□万□□人，庙塔瑰伟，盖摩诃末教入印之后，惟南地未灭尽佛法，余此及锡兰也。吾已遍游中东北印度，奔走万里，坊间皆无，后有寻佛迹者，惟来此及锡兰乃得见耳。自此循海南行一百四十英里，至呢格不担Negakatam，为南印度之极，印度地平如掌，此乃舌尖矣，人民五万八千，亦一都会也。自此行三十二英里至天助，即渡海，三十海里至锡兰矣。锡兰本与印度大地毗连，中隔海不及一英里，水深仅三十五英尺。呢格不担有颇眠奶士灯塔可相望也，但水浅不能行汽船，故绕行三十海里若自卡拉吉打至锡兰之奇林布都会，凡海里一千二百，船行四。日程，自呢格不担

西南循海行七十英里至挑秩沟 Tntiaoriam，人民二万，少南至码刀喇 Madlna 小镇为南印度之极。自卡拉吉打汽船行三十六时可至，印度地平长如舌，此为舌尖，自此沿海渐西北行，复至孟买矣。

锡兰为 Ceylan，古称楞伽岛 Lamka。按明沙门德清观楞伽记，楞伽山在天竺之南海中，人不能到，每阴云黑夜，或海涛汹涌，则山形显露，若海湛空澄，天无云翳，其山即不现，当即是此地。又梵语楞伽，具狮子之义，故后秦沙门法显佛国记称泛海西南行十四日到狮子国 Simhale，亦即唐西域记所述之僧伽罗国，僧伽罗，盖后音译也。

三日六时登岸入客店，先到 Great hotel 栈 Grand hotel 栈皆无室，□□□栈，仅余二室，非其上也，此三店为印之大客店矣。住其近卫园者，日每人八卢卑，从人日三卢卑，店日须十五圆，其至小者，亦须五卢卑以上，其营构四层，若壮丽则逊于欧美远矣。卢卑重三钱二分，而汇来用新加坡香港之银重七钱二分者，每百仅得一百四十卢卑或一百三十有奇，是每卢卑值中国港坡银五钱或有奇矣，计每一卢卑赢各一钱八分，但此一端，英政府之以此获利，何可算哉！是时吾在槟屿携有美国金值银千圆，槟榔之价大金四十三圆，中金半之，小金又半之，至印则大金仅值六十卢卑，中金值三十卢卑，小金值十五卢卑。及游印度内地，则一中金仅值二十八卢卑或二十五，甚至值十五卢卑，所亏至十之一，否或不用，故各国无不用本国钱币者。昔经美及伦敦，皆沿途易其国币，本国皆严其汇水，惟中国不然，愚不可及。此不可不亟改者也。卢卑之圜法，大略如中国，中银钱三钱六分重者体小易握，亦如古五铢等，实便民用，胜于七钱二分者也。自印度以西至俄国哈萨克波斯皆行用之，亦广大矣。印度圜法，每一大铜钱名卑士，印人名卑沙，如香港之仙士也。每一卑士，可易亚打卑士二枚，亚打者半也。每一亚打卑士易时机卑士三枚，时机卑士如香港之小钱，值一钱者，其至小矣。铜钱凡三等皆无孔，四卑士为一烟拿矣。银钱凡四等，小者曰叨烟拿，重四分，易大钱八枚，倍之曰科烟拿，重六分，易叨烟拿二枚为大钱十六枚，又倍之曰半卢卑，重一钱六分，可易科烟拿二枚，又倍之曰卢卑，银钱之至大者矣。每一卢卑易半卢卑二枚，科烟拿四枚，叨烟拿八枚，大钱六十四枚，有铸银局铸之，其银币多自千卢卑少至五卢卑，无一二卢卑者，其银级以倍其数以四起算。吾以中土十进算法，较之其算一数而印法五倍中法之时，其算数不便，远不如十进者也。

印度之马车，比欧美日本价为极贱矣。惟马车有四等，单马车第一时十二烟拿，次时六烟拿，后同。双马车第一时一卢卑，次时半卢卑，后同。单马车平人坐之，若上等人必坐双马车，无单马车者。盖印旧俗贵贱悬殊，英王之士大夫至今尚多皆坐双马不与其民同，故成为特例。至上则有大马车，但坐一人，褥饰皆高嵌精美，后可立三人，盖印王及其贵人出入，必有从弁，执金杖二柄立其后，以示威仪，故来印之英官及游印之贵人，必从其俗，而用大马车，别用二马车在前后，盖□殿之旧俗也。此等每一租用必四卢卑，此最上者，其为印之特俗，而欧美所无也。最下为街马车坐数十人者，每人以五卑士，不论远近，若易一车，则收六卑士，若易二车，则收九卑士。

吉埠船至即有土人托名客店，接引照料，一切导游在店中侍食，铺床如侍者然，室器物店主亦一切附之，然实非店伙也。其人皆须通英语，上者日给一卢卑或十二烟拿，导游一切无不熟识，凡游印者，皆携一人，用至去时为止。自余印人皆操印语，无通英语者，若不用之，即雇车亦不能，一步不可行矣。是日早膳后，即命马车先至书店购印度图及都会图，印度官制政考风景图。吾乃漫游都会，客店临大道门，外公地马道交错，夹植大树，凡十里许，左为总督署，中间巍楼四层，前后园林，四方四门如禁城，然体制崇闳，石数里为石城近河，英人备印变之所，有事则官与兵入焉。循大道绕行三十余里，崇楼巍阁，相接弥望，复出至河，盖英人所居环游过半，惟印人所居者未至焉。是日游公园，但游万货场，一公园大三里，临河有亭翼然，顶累宝相七层，左右及后，环以石阑，作龙身为人首，后门作两天神，以一白石雕成，大数丈高冠，相好端严，如中土金刚形，盖印旧物，极玮怪矣。引水曲折，茂松短桥，杂沓围抱，是日值休息，衣香人影，游者蚁集，园外大道，车马如龙，极目无际，万货院极大，仅游其半。其果则有石榴核桃，皆与中国全同。鸟则鹦鹉孔雀甚多，孔雀一对，仅取七卢卑，价极贱矣。印人食无可取，惟糖物甚多。印度宫室，最为奇伟，楼阁二三层，高皆十数丈，门户洞厂。欧人宫室之制，全出于印，惟顶皆平，广袤动十数丈，厚尺许，以灰沙盖之，四边作孔以泻水，顶上多作小亭，他地台甚少，印度则无屋非台，即极小之屋亦然。新到观之，甚耸耳目也。惟道路不修，多有堆垃圾于通衢者，驴马既多，雨水又少，扬尘飞屑，颇甚奥秽，过之掩鼻，大风则黄尘眯目，有类燕京。

至夏雨潦大至，雨水塞道，高尺许，行人皆绝，英人治之百余年，而治未至也。冬时以雨少，故草木皆作尘土色，殊少绿润之致，略与北地相等，游一日即已厌苦矣。

四日游吉埠，内偏印人所居，地则湫隘污秽，衣服怪异，别一世界矣。其市道甚窄，其店高广无过五六尺者，深不过七八尺，人皆席地，卧有矮床，而坐无寸几，店陈百货，数人蹲坐于中，虽大店皆是，日售货金数千，而其规模仍如此，遍游全印及其舍卫勒挠故都亦无异者，被英化久而不少改，亦可异也。疑当日旧俗限制工商，故贱抑之耶？店上皆有楼，则人家所居，筑必以石，髹必以白，墙必雕花，门外必栏，诸户罗列，而门常闭，颇类上海，然而壮丽过吾远矣。男女耳多饰环，或累十数，鼻唇或亦有小环。少女皆赤足，闻自二十六岁以上，始可穿履，盖亦旧制，若中人之家，则妇人无出门者矣。长裙近地，绣布裹头，垂曳至地，男女衣皆红黄色为多。男女皆无裤，男子以一白布裹首，又以一布缠身，又以一布缠下，左右搭绕，余者下垂，凡布三匹，而冠衣裤皆备，不待一针一缕，盖一身皆天衣无缝者。行则男女皆以手曳衣或裤，碍事甚至。昔在北京游雍和宫见喇嘛，以一匹赤布缠绕作衣，吾令解而视之，未经针缕，今乃知本于印度也。佛法袈裟之制，亦以数尺布蔽其前后而斜搭肩上，盖亦无缝之制，巫来由人衣多如此，不意印度文明而其愚竟与巫来由同。尝见波斯人，问之亦无裤，盖衣服之修齐有裤，大抵惟欧美及中国耳。经英化百年时，有曳英履，穿英服者，而身首足之间，必有一二缠绕拖曳不肯全衣英服，彼俗皆久，殆以是为美观而不肯改欤！阛阓喧阗，百货特拥，高楼有三四层，上有弦歌声，惟无酒楼食店，仅鸡卵羊肉，盖其王及士夫皆不出，惟市首陀按：首陀 Sudras 为最低贱之人民之贱族就食焉，故无美食也。惟神庙极伟丽，是日访问佛寺，得一所墙壁，皆以五采玻璃为之。顶用圆塔，五座中大四方小相轮十余层，殿门平顶用三成，上乃雕刻，殿前二亭，塑菩萨像，如中土，前开方塘，佛像仅三尺，纯石为之，其伟丽皆中土所无也。又游一摩诃默庙，殿阁崇严，全嵌白石，间以□之也。若世无苦恼，何待如来？又印度二百余国，言语文字，各自不通，即今言语分四大种，文字尚分十九大种，其小者不计矣。以缓急无气之性质，懒散极啬之作业，至愚之知识，不合之人种，而与方兴坚劲明敏之英人斗，宜其主灭也。今灭国百余年，而旧俗分毫不少变，其愚而不知大势如此，其灭固宜。中国人之尚气急功勤作智巧合种同心，与印人相反，实有自立之气势，自欧人外无如中国者。近者风气甫开，人心大变，与印人之灭国百年而不少变者，亦相远矣。然所见皆印下等人耳，若其上等人聪明雄伟，此印度文明所以为地球之先，不可以所见者该之，印之最不良者在人类分等，不如中国人类平等，此真孔子之大功耳。

五日，英官皆约于是日相见，盖三日为礼拜六，四日为礼拜，皆无约见之礼也。三日巡捕总监派官先来不遇，并于是日见之。凡见警察总监海关长总督书记长巡抚书记长波颠连两长，如吾中土藩司首道之比，权甚大。皆知吾旧事，甚相敬待，而波颠连尤殷勤。吾自槟屿来印，携四十响长枪三枝，短枪六枝，须见此四要官，发文书验准允许，乃能携带。盖英治印法，不得携枪，常人带一枝者，必须此四要官允许，乃可携行。贵要虽至印督，亦不得过三枝，其法密如此。故中土人作工，于是忿恨相斗，只暗携铁尺，与美之三藩市息士高迥异，可以见英人驾驭印度之法，故百余年安枕无警也。举印度二万万人，而为官至高者，仅止高等法院之次等判官，余如长官及各地长官皆英人为之，无用印人者，而印人帖然，亦可想其治法矣。印中英官署甚广，大书记长所居立加剌民政署，高六层，广数百丈，用吏三千，各署门皆立印役，衣红衣，大金线带，缠首布，大署则役较多，或至数千，客至皆起立举手。本官见客于办事房，相见握手，移几送至房门，在私宅见则送至宅门。

六日早，游隔河颇多叨根植物园，逾河五英里乃至。有长桥百丈至恒河上园，周二十七中里，大亦至矣。印度植物皆备，临恒河上，正对故印之故宫，园林烟墙楼阁，颇极大观。有长木名□上，如槟榔葵类，其干有鳞甲盈丈，甲人数寸或尺，有垂藤千足，大树名宾腻因，荫方广四千丈，高八丈五尺，种一百三十一矣。乃大藤本既上复下垂，分布四方，有若千足，积久皆成合抱，小亦拱把。大干积多藤相合，遂有卅人之抱，一树同本望百，百树望之，枝干繁多，若千百树之大林，实一树之千百化身，可名化身树也。昔在丹将敦岛，见此甚多，但无其伟大，计南洋多有之，印度则诧为异观耳。又有树独干上峙，弱枝下垂，婆娑护干，垂如五爪金龙，其高数丈，望似□叶之柱，亦异种也。以赴英巡抚茶会，故早归。三时至巡抚署，四门洞开，园林千步，中为崇署，规模之壮，略同总署。是日总督不在，巡抚大会印王，吾到时，署门外崇阶数十级，每阶二人对

立，陈列英印兵千数，威仪严肃。是日客皆由后门入，吾不知误入前门，其武吏不知带吾绕行小路小门入，吾以巡抚所请乃客也，不肯行，当大众争之不得，吾则还归，其事大哗，乃有一弁接吾绕至后大门，规模亦与前同。上崇阶四五十级，巡抚夫人出接，称巡抚方见印王未暇，因延吾与女同璧在诸贵夫人座中观礼。即在巡抚座旁，见前列文武百官，皆衣礼服，重门左右坐，小者在南左右立，文武官之南，即印王百数，亦左右对坐，其后立者，则诸印王之贵臣也。堂深百丈，直至前门，皆铺红布，坐立皆满，近巡抚左右数丈者，亦有印王十余人，北则印度头等大王，故位最高，巡抚衣金绣礼服，坐于木方亭上，亭高丈许，方广丈余，上置银交椅，脚踏虎皮，体制略如中国宝座。后立红衣兵十二人，皆执金殳，威仪严整，满堂肃然，如入王会图也。书记长官旁坐，先立起呈册，请巡抚演说，巡抚起立演说毕，复南面坐，则一官带领印王朝谒。印王北面由中道上，至前三鞠躬举手。一官口赞某王朝见，其大者，巡抚起立与执手，小者则坐受之。每王行礼毕，一官呈二银碗于巡抚，一贮银钱，一贮银色之糖果，巡抚亲以一小银钱一糖果，又一纸若誓词手授印王，印王以巾或以衣受之，额手称谢而退。一王退毕，再引一王，诸王退后，则引诸王之受官为弁者，见皆衣英兵装上，其容尤肃，巡抚皆坐受之矣。引见既毕，巡抚复起演说乃散，散时巡抚立南面点首，百官诸王皆立巡抚下座，百官诸王遂散。巡抚退入乃握手为礼，略谈问中国事，问爱印度否。吾谢其保护。从者递茶食，夫人延吾与女就座，时百官杂沓，饮茶立语，至六时天将黑矣，乃辞归。吾国木兰秋狝觐见蒙古诸王，想亦尔尔。但英人以巡抚南面代朝诸王，亡国之后王者大盖如斯也。是日印王百余，几于尽见矣。印王衣服，各自为制，各自不同，衣绣多用杂花，履昂首如古履，亦有金绣者，红绿各不同。首帕多用金装，色繁多，瑰玮怪异，大率与吾古礼冠服毋进委貌冠弁同也。诸印王旧所有地皆归英治，其私有地英人为之代收其租税，以数分与印王，故诸王无权而甚富，率皆月给一二万，多或十数万至百千万，其故臣尚服事焉。多有马数百，象数十或数头，家丁千数百。印王既无事而富，故住都会者，宫室陈设器用，皆效英式，出入舆马，仆从执棍持枪，尚复赫然，其用度极侈，好洋货奇巧及古董，盖不知稼穑之难故也。诸商贾见印王购物，则高昂其价，动辄千百，印王好则取，人无所计，此则英人亦无其豪侈矣。印人呼王为喇喳，大王为可马喇喳，印中之大厦台几器用皆奇贵以唎喳之故，此则地球所无，惟印度独有者。吾到印度，印人以唎喳称吾，故受累亦甚。吁嗟唎喳，亡国故君，此间乐不思蜀，惟有玉楼瑶殿，空邈恒河也。既见而哀之，亦复自哀瑣尾，而吾中国亦可为鉴矣！今印中惟南印度□□□□□三国尚自治，虽英人入之，尚请护照，乃能行其地，不容异国人，误入多有杀害者，盖三国地大二千余里，强劲自立，故英人亦度外置之，盖守旧闭关之俗然也。

七日。游博物院。院制壮伟，体制亦仿伦敦，但逊其大耳。然印度最多古物，则亚洲以此院为第一矣。其最资人考证者，以物质僵石为最。有大象僵石，牙长二丈，首亦几丈。有大兽之僵石。有无其首而画之者，形如猪，大皆丈许。有首如鼠尖，前足短而后足长，能攀树，亦长丈许。有首如龙形，大二丈许。昔在西樵山白云洞时，陈编修得之于田家以相示，此首正同，知古传有龙不谬，故古儒佛皆称之也。其大鼋骨丈余，大螺八尺余，皆异物也。若其大象未化石而骨仍存者，长三四丈，高丈余，牙亦长丈余，皆足证前万年大兽之形体。

其僵石成云形或草木形，无所不有，诚大观也。

以泥为人，将各岛如山之野人塑之，自无衣之野番，至有衣裤之印人，次第列之，以明开化之等，亦足证进化之理。若吾中土，他日将黎苗猺獞狆及西藏青海蒙回部东三省及中土之人以泥塑之，亦可比较进化之级数也。

其古迹之刻石极多，印度缅甸诸古寺塔之石刻皆备。印人长于刻石，虽不如罗马石像之精，而比数千年以上之物，惜不识梵文，未能考证之。

缅甸雕佛像用纯白玉，至可宝爱矣。揩亚之伽耶塔，霸拿拉士之塔，石棍石像皆在吾后游之乃识之也。其不能移来者，亦有影画存焉。

印人长于筑造，长于雕牙，其古迹大工，皆有雕牙，雏形甚精。其织金织席略如中土，亦有可取者。其他各山之耕织树木药林庙舍衣服皆有尺寸小样陈列，令人一览而印度数千年之服食器用风俗如见焉。博物馆之功亦大矣。

有软石盈数尺，可卷折。有响石，叩之如笙簧，若以为磬则佳甚。吾细□□磬，不知如何，当是此类，否则石声甚难谐也。其乐多为琵琶形，惟腹空而大，有大数尺者，叩之声甚清。昔吾得古琴，亦中空而清，以此言之，其为琵琶必格，今欧人之以筝和琴者，亦腹空而大，则亦从印出矣。其帆船

农器与中土无异，盖进化之理一也，故野人冢之物，中外略同。印人之车以一马驾之，略与北地同，但体积小而上仅四柱如亭为异耳。牛车或驾三四牛，以芦棚蔽之，亦与北地同，其王者亦有金辂，略与中土同也。是夕船主约看波斯戏剧，其动作音节，无一不与中土同，衣皆长衣，亦五采奉施于五色者，西人亦称之，迥异于印度矣。考波斯器物之精及戏曲皆近比吾国而过于印度，宜其自立之久也。若印度则仅与巫来由等耳。在槟屿曾见巫来由戏，亦颇炜煌，衣服多金饰，不如上海广东戏而过于湖南广西福建矣。戏乃文明之表著哉。遇一印王，招呼甚勤，约吾明日十时过其寓，其从官言王近舍卫百余里，有象二，马五十，地二百余里，盖小王也。印戏院上层为贵女座，隔以沙幕，无灯不可见，盖印俗严男女如此。

八日。十时与女同璧妾婉络访印王。深入印人内地，巷隘几难容大车，又污秽，乃下车步行。入高楼，皆四五层，红石为之，阶皆分二楼，皆周石，至第四重，见王席地无几，铺以地毯，中设一大几，如中土大炕桌者，则王坐也。从官令吾坐毯上，吾不肯，王知吾意，令觅三几来与对坐，请吾访之。赠吾油点心一簌，银香盒一具，吾答之以绣扇，越日又使其弟索吾影像。二时又访一大印王，则高楼大园，一切皆印式。王年廿许，衣英服，能操英语，甚温文，此王治地去□不远，夏去冬来，然印王皆已化为英之富人，无复印旧学矣。吾女与妾登楼见其王妃，王为翻译，询问中国某事。

其园广袤半里，亦英式，延吾打波，吾辞不解，王自与其从官戏，吾乃纵游其园，至暮而返。二王皆在英巡抚座中见吾者，故殷勤。吾欲观其印度旧制旧俗，不料无之。昔英人言东方为大古董，然将变矣，若不速往观，则将无矣，今果然，念之太息。此固进化自然之理，然旧俗旧物，足资考证，亦不可不少存也。是日往观棉花厂，在上海曾见之略同。是夕到支那街天后庙演说，吾国人之来印者，自香山杨大昭始，在乾隆时矣。杨以贩茶乏利，乃以其茶尽送英印度公司总办，总办厚待之。时新得印度，荒地无垠，当与同车游海滨，问杨所欲，杨指眼前地，总办恣其所欲得，听杨跨马一周，尽马所至地以与杨。盖周数十里，地名唐园，今其土地祠，即祠杨者也。正月乡人群往祠之，备极热闹。后杨嗣不肖，典与公司黄姓者，黄姓转典与印人凡五千金。吾来欲兴中华会馆，乡人咸献议，请与英吏言赎此地焉。邦人来此约四千人，嘉应人七八百，为一馆曰关帝庙。南海顺德合为一馆，曰南顺馆，约六七百人。东莞新安合为一馆，名东新馆，约百余人。四会自为一馆，约七百人。新会新宁息平开平为一馆曰四邑，约二百人。番禺三水约皆二三十人，尽此矣。大商惟广裕盛一店，余则嘉应业鞋，广州业木，日皆有卢卑一二元，以中国人所工精细，印人不能故也。嘉人业鞋尤易，□公馆每鞋收税二钱，积久遂有公产二十万也。广州人皆聚居支那街，百货具备，无一非中国用物。其岁时宴会，红帽长衣，鼓乐爆竹，俨如内地，几若忘在外域者，中土人数万里能用旧俗，大地上亦惟中国人与欧人耳。以剪发易服进教为大耻，故数千人无一剪发易服进教者，此则他埠所未之见也。盖各地待中国人以此为最宽，自蕃自育，故尤能自立，其娶印妇及与葡萄牙人通婚者亦有之，此则进教易服多不认支那人矣。英人待之太宽，故若听其别自为国不服过问者。印度呼中国人为支那，故名支那人，所居曰支那街，是街既秽窄，与印人杂居，而各馆终日聚赌，以为正业，公馆抽其羡为公费，公馆既有公费，则各招呼其乡人而视异邑人如仇。以公费之足，乃日与邻邑缠讼，动费数万。盖值理藉以开销者，不知合群而闪铄，未有如吾邦人之愚者也。各邑既有会馆，而无中华及广东会馆，故无地可以合群，而邦人异邑者，若不相识。此地既有木鞋，足以养生，人乐所业，而无求于外，于故国之事，乃一无所知。庚子大变，君奔国破，在吉华人，乃反谓李秉衡大破八国，八国偿金十万万两，其梦呓之愚，一至于此！若皇上之幽废，溥俊之私立，益不知矣。天后庙者，为邦人公庙，是夕迎吾演说，集者千人，门户堂壁，层积如山，吾乃告之以近年中国之危弱分削，圣主忧国，舍身变法，救民而被废，那拉后荣禄溥俊等贼篡亡国，数千人乃如梦似觉，半信半疑，纷纷反复诘问，累日，而少有所明，盖数千人无一阅报者，其愚冥之极，实出人意表而可悯。嗟夫！比之欧人之智，此则宜为亡国之民，宜其自忿于斗而不自知也！

　　九日。十二时，再访一印王，以约十一时迟到，印王已出，仅游其宫园。此为印中大王，宫室尤壮，其宫外墙如城，有守兵百余，红衣兵数人，擎枪守门，其左宫为其祖老王所居，制亦同之。楼高四五层，皆英式，顶层为家庙，十余柱，有其祖宗画像十数，皆圆金冠龙袍，甚类中国。退乃游动物院，已为来复六下尽，每人收银一卢卑。园大数里，万兽略备，虽不如伦敦，而过于日本远甚。有刚角鹿高二丈余，有猩猩大如人，皆在伦敦曾见

者。有白象,有白孔雀,白鹦鹉,此则印度所独矣。傍晚有红衣乐人数十奏乐,裙裾杂沓,印王亦多来游者,从人仍持金戈相从。

十日。游画院。印度大画,略似中国,皆工笔绘人物为多,但太方板,不如中国之生动。然贵重甚,每幅值数千,盖皆千年以上古画也。率画诸王及后妃宫殿之图,王皆盘坐金绣床上,庶官跪于地下,其冠服极多,乃至宫女群从,极有类唐宋时者,亦可考中外相同之故矣。吾欲购一印度古画,而遍访市上无之,稍有一二,笔墨极呆,已索千数,盖印度之文明绝矣。以前游博物院未毕,再游之。晚间总督自缅甸巡到此,沿途皆派兵守道,数丈一人,行各绕道,其威重如王者。及来时,有红衣马兵执二旗,飞驰来前驱,每队马兵七人,七队皆红衣黄衣,共马队四十九人,而后总督马车来,则夹道人皆免冠起立,总督亦免冠答礼,后扈队如前,共约百余人,盖英人之治印者,仍大用仪仗,以威异族。吾曾游伦敦矣,观英督之来,殆过英君主不独其相无是也。英人之治印度,迥与治本国殊,吾常言势因自然而来,理为平等而设,苟非平等,则必用威,吾国人亦可耸然矣。

十二日。登高塔,题名而去,塔亭一百九十四级,每级六七寸,高约廿丈余矣。上下有窗,作像于形顶二层,外护铁栏,上顶用□花形,俯视全吉都会,烟户千万。楼阁绵亘,环以恒河,微山缀之,盖为印度第一都会,在东洋自顺天江户外为第三矣。此塔惟来复日乃开,吾问匙于地方官,而独登览之。博物院尚有书楼,皆须请匙于地方官,吾两请而两失期,尚未览也。吉埠正月即热,众官皆避暑于大吉岭,总督则避暑于玛苏喇,惟冬至后,总督始至。至则开议院而阅兵,故众官及印度诸王暨议员,皆于是时大集,百物至是踊贵,客店租屋尤甚。吾累阅数屋,不过楼屋一层,外有一圆几桌,花木粗具,月租千五百金,又有一层楼者,横四五房,无铺垫,月索七百金,其无楼无铺垫之屋,亦须百余二百金。吾后赁一屋,无楼甚旧者,月须百五十金,台椅床桌寥寥,亦须百五十金,花木寥寥须廿金,已须三百余金。至春后则总督及众官皆去,物价遂减,此吉埠之特情,而来客者不可不知,以为预算者也。是时总督新来,百政忙甚,又近西历改朔,停工之日甚多,吾约总督以见期,是日得总督覆书,以新到忙甚,未有暇日,故遂行,以晚六时搭汽车入阿喇伯焉。先是槟病疟,久闻人言阿喇伯有雪山,可养病,至是决往。阿喇伯在中印度,去卡拉吉打凡八百英里。印度汽车男女不得同房，盖非自包一房，则不能同睡也。盖印度俗别男女，其贵人大家久习不肯与男人同睡，故英人顺其故俗。印车极不洁，又多深夜换车，行李多者极苦矣。水亦不能饮，甚苦渴，惟藉水果以自解耳。一等舱上下四榻，中一活桌，二等舱上下五榻，惟其一等舱仅比欧美二等者耳。

十四日。早九时至屯架喇，转车自卡拉吉打至此凡八百英里，自此去孟买亦八百英里，汽车一日二夜，可至真印度之中矣，以中里计，吾行将三千里矣。旷杳平原，绝无寸山，闻至孟买亦然，盖须弥东走万里，山尽而为大原，尽印度数千里皆大陆无山，揩西间有一二，亦不足数。加拿大落矶山东亦数千里无寸山，与此正同。然因此故赤道风来无所遮隔，故极热，因无山，故亦复少河，自中印度五河环之为本都名迹外，此无少□矣。故极目林野，沙尘漠漠，几与瀚海同也。印人之苦在此，印人之愚亦在此。遇印人二在伦敦大学归者，问吾爱印度否？吾称其古代之文明，而惜其少水。印学生曰，支那亦不过江河二水耳，吾印度且有五河，何少也。盖彼习闻中国江河而以为此外无水与印同也，其可异如此，非亲历印度者不知也。停车一时，英教士语吾爹利去此仅百英里，为印故帝都第一大都会也。吾按图地为中印之中，临恒河，与佛书自称中国日言恒河正同，则爹利当即舍卫也，为之神往。此去摩竭提二十英里，故仍先去摩竭提，屯架喇B小镇，人仅万数，地数吉为冷。十日到摩竭提，途望白塔，三座鼎立，高跨云表，其名他治，盖冕之义也。隔数里已见此塔，乃叹印度宫室之美，其开欧洲之先路也。野中林树稀微，牛羊成群，尘土坌天，如吾北方。恒河干涸，上流几不通舟，然河边河上洗衣服者千数，若河面则甚阔，吾昔经桑干河，甚相似也。渐近见红石炮台完好。女墙作圭形，森峰高矗，盖七八丈，下临恒河，名厄家披士，盖前四百年蒙古帝禁城也，今英旌扬风，以为炮台焉。

十五日游蒙古故宫城。五百年矣，周一英里半，高七丈。宫门作左右圆顶，中平高八丈，门顶塔二重，上竖英旗，共三门，有英红衣兵数人守门。红石铺地，斜上作曲尺形，而入正门，女墙高七尺，厚五尺，炮孔长尺半，广四寸，斜下而放炮，每墙二孔，城墙厚丈余，女墙皆作圭形，一墙暗孔向下，广阔尺余，凡印度城墙皆如此。然印度之城墙，其制已胜于吾国矣，城有四门，今塞其二。

十六日。游昔根嘉顿，距丫忌喇十余里，盖蒙古帝厄渠巴路巴沙之陵也。帝为沙之汗孙，此陵当前三百三十六年为明嘉靖三十九年也。头门石楼玲珑，上四层而至平台，台面中为八角平顶长方亭，大数丈，八柱中亭顶起，四亭四角起，塔高三丈，其三塔之顶坍矣。塔石用瓦桁式，自台下十五级而开塔洞，又下十级而诸洞皆通，又八级而至中层台下十六级，而有一亭，又十级至地级高八寸，故印度之宫室，皆全石皆楼阁洞通，盖山洞形也。环以城墙，四角有亭，周里许，左右崇门数丈，陵正殿崇楼五层，高九丈四尺，每层缩小，每层皆为平台，台上列亭塔数下，故远望之赤城霞起，诚诡制异观也。殿十一间，中一间最大，穹顶作六角形，饰以金花，下作连钱，中为大花。门上有梵文，又上为窗，画大花枝。隧道深五丈，坟堂高七丈，封长方如棺形，白石无文，外室圆顶大花。

右室为其女墓，室高二丈，雕石作连钱形，铺阶用五色连钱。附葬二棺，乃王子也。女名锡格伦列沙迫襟，封处雕白石极精，有刻字。右一间亦其女墓，制同右，附葬一孙女。右二间为孙女墓揭，玉石白莹如羊脂，长方尺余，诚瑰宝也。又隔三室为其孙妇墓。

左右室旁有石梯三十五级，至二层大平台，广一百三十步，深一百二十八步。环以石栏，顶用白石，四角皆有角亭，夹殿为二衬楼，高三层，四周台深二十九步乃至室。台前有白石横亭，左右小亭各一，殿凡二十一户，中作隧道，前列五亭，亭顶有亭，则为第三层台前之台矣。阶分左右隧道，顶作圆凫，又上十五级至第三层层台，前后左右各列五亭，共廿亭矣。殿前十一户，分峙三亭于中左右，皆亭上载亭，上亭为第四层台前之亭矣。第三层台方广六十八步，中为陵堂之顶矣。又上十五级为第四层台，广四十三步，深四五步，台前后左右各五亭，亦二十亭，亭尤精丽，盖用黄铜饰五采，映日焜耀，与余白石亭不同，又上十五级至第五层矣。此殿各层均用红石，惟第五层纯用白石，雕窗之花，玲珑皎洁，精妙绝伦，惟阶稍窄，只一丈余耳。楼方三十二步，四周绕廊，而空其中，廊广七尺，荫以石瓦，皆作方圆塔形，阶石方尺，有黄白黑三色，顶四角有白石亭四，中空处有白石台，高尺余，方三丈，台中供封处如棺形，刻镂极精，有座，上供金顶钻石，今无矣。四廊墙户，式如圭，瓦用石脊，略同中国，此陵殿之制，瑰诡极矣。英人于陵殿前旁筑亭，种树铺席，携酒食打波将宴其间。

十八日。游婆罗门天神庙。驱车八英里，道上印度屋舍园林，皆极新奇，盖皆印人之故家。其园林亦颇类中国，惟高台皆平顶者，多方圆形，多柱，皆白粉为异耳。天神庙为三千年前□边王所筑，纯以红石为之，体制怪伟，远望之如山洞，怪石突兀，层云离奇而已。步登百级，既至瞻视门亭三重，每重十余亭，每亭十六柱，每柱皆双立，每柱头旁饰钟乳下垂无数，上皆作岩洞广形。石右翼亭二层，每层数亭，每亭十六柱，深三丈许。入第二重为中殿，顶为穹圆，盖分三重，作杵觚形，左右衬廊，上下二重，皆作无数亭，亭形十六柱，柱及檐际，皆饰钟乳下垂无数。乃入甬道为内殿，盖穹圆如中殿，高不过三丈，而雕镂天神人物，凸凹数尺，凡四十三层，鳞鳞错接，斑驳陆离，千怪万状，无一寸平净者。左右衬殿，去正殿丈许，高二丈许，其雕镂凸凹，亦二三十层，鳞结斑驳，犹正殿也。今守庙人以为厨，其不敬与中国人同，当正殿有守门者，置一盂水于门中，施钱乃许水焉。神名邋炉慎 gklong 一男一女，被以绣服，全殿四旁楼门八达，高仅数尺，柱乃无数，远望其顶，亦别为一层，高数尺，柱亦无数，其顶半平半坡，凸凹如洞。其第三层楼亭，上作平台，左右衬楼，中层顶如莲叶，旁覆而斜垂，其大体略如山洞。吾昔游桂林，诸洞奥深，穹窗多柱下垂，柱上极多钟乳。印度背倚须弥，其初民未居原野，必居山洞中，故其宫室即仿山洞，其后渐辟平原，不忘其溯，故印人宫室必以石，必多户多柱，骈列洞垂，若其神祠王宫，尤取山洞之瑰玮者。后体渐变，取其近于人道者，而顶必圆，必多户多牖，席地高下，皆如山洞也。中国宫室，皆用木质成之，故称曰堂构。虽极瑰玮之殿阁，亦不出木料，故诗人动称大厦须梁栋。明㠯建三殿，取材川楚，嘉道时尚然，一大木柱乃运至五万金，今川楚大材已乏矣。光绪五年，太和门之灾，再为堂构，费至二百万，而大柱尚非全料者，不过以数木合之，而所费不资矣，乃吾游加拿大，新地甫辟，巨木径丈及七八尺者无数，英人非斲折为小方木，则焚之无惜，若在中土，则每木值数万金矣。夫木料畏火，遭火即烬，以无量之资财，而购此易烬之物，甚非策也。故中国古宫室，多不能久存，若项羽之灭秦，隋之灭陈，皆焚毁其宫室，周武帝之取邺亦然，风俗至愚，无保存古物之念，以资考镜，然印保存之，区区木料，亦非可垂久远之物，不如石之料坚而持久也。汉时文翁以石室祀孔子最为智者，其七十二弟子像，宋时尚存，此外武梁祠孝堂至今画像尚存，亦足见石室之可垂

久远矣。文翁为□创石室之祖，惜后人泥古不知仿之，以中人之智，工匠之巧，以列代无道帝王之侈，而不知易木以石，真不可解也！今中国明以前宫室绝少，合古匠建筑之美术不传，□体寒陋，皆由用木不用石之故。日本室皆用木构，亦累于中国之故。印度巨宫古庙，动数千年，瑰构玮制，相望于都会。今欧人宫室，寡师其法，大工则用铁，石叠层楼，以壮规模，而规久远；小室则多开户牖，多列柱栋，以通风气，而美观瞻。若多加藻绘雕镂，亦文明之容，不可已者，此亦天下后世必宜法者也。计中国宫室，将来必无一存，印度必为大地宫室之祖师，推其本末，则中国先起原野，人居始自橧巢，印度先起山岩，人居始自洞窟。橧巢之余，波为木构，洞窟之余，波为石室，而木构必灭，石室永存，作端偶殊，则成效之强弱盛衰迥异，在古人岂知之乎？故造始者不可不慎也。

加以红绿之色而印花焉，自底至面，审之以为希腊罗马古法，今阅印度婆罗门经已如此，印人守旧，无一效西欧者，乃知出自印度。盖印度三千年前与希腊相通已久，文明久经输入，故宫室书籍之制，皆出自印度，今印既微，人皆知为欧制，而不知为印制矣，然则古文明之国，可不悚哉！

十九日。十二时到爹利，即古之舍卫也。今印音曰爹利。舍卫当印度之中，临恒河，自古四为都会，至追蒙古之帝，实都于是。道路之广阔，宫室之宏伟，吾行地球大半，东尽亚洲，西至欧美，未之见也。但层高不如欧人耳。若其庭院，大皆数十亩，道广数十丈，则逾欧美远矣。实以地为大陆，且地价贱故也。夹道皆树，其大道茂树数重，不知德之柏林何如耳。英吏有襟呢顺一人驻焉，兵凡三百，盖久为内地，不须重镇矣。英人仅二百余，余皆印人，凡十六万五千三百五十一人，印及古士大夫多居于是，以屋占地广大，故相寻极远，人居无多，而绵亘百数十里，楼阁寺塔，相望不绝，掩映于烟树中。印度数千里无山，惟舍卫城中有鹫岭，今名曰之雅士，高仅数十丈而纯石，莽苍盘亘数里，此外土山数十重环之，英人新筑塔于鹫岭颠二十年矣。高五层，步石八十级，驱车登岭，蹴步登塔，凭栏四望，楼塔台观，极目无际。夕阳将下时，与烟树河山相映，光景环玮，气象万千，觉新京金陵无此气象也。盖印度为万里大陆，而舍卫特当其中，而又山河环抱，故一成佛窟，四为帝都，舟车走集，道里均便，士夫荟萃，工匠精巧，故规模之宏大若此。今虽以在陆不在海，非舟车之总汇，又夷为郡县，非复帝室皇君之时，象教已衰，无复居士听经之会，而凭眺山河，雄壮如此，故地灵再积，盖非偶然，宜佛之生此土也。住舍卫四日，登塔凡二，入英人客店，店外园地数十亩，可徐步也。

即日游蒙古禁城之王宫，高壮与丫忌喇同式，惟殿堂寥落，仅有白石大殿数所耳。亦有英四兵官守之，游者给以一元。此殿筑于蒙古帝沙之汗，在前三百四十七年，费十六万金，殿盖至地纯用白石如玉，缀嵌红花，横列六柱，深亦六柱，共三十六柱，所嵌皆以银及宝石为之。正中为宝座，小石柱四，两旁以石为窗，刻花玲珑，中置大石宝座，全雕孔雀，今无矣。殿深二十四步，广三十二步，顶为平台四亭。殿基跨城楼上，前临恒河，今近城处仅余小水，草树无际，极目莽苍。殿左右引水为沟，广丈深尺，皆用白石，通于右殿，麻以影壁。影壁之石，白极如晶如镜，能见物影，雕镂精绝，诧为至宝。右殿雕饰五乐，窗分八角，皆刻连环，左右室水嬉之殿也。有亭其子所居者。顶亦五采门，垂半月圈，其石能照人，加以疏棂，以便妇女之览观也。左殿雕饰同，亦为水道，左室为其子浴池，皆纯白石为之，有水管穿殿，中置凿花浴盘，其长五尺，置香水，浴毕卧饮之，今尚在。右室为莲花石座，以引水管，上有光石盖之。后浴殿，为雕石大方池，分二成，深四尺，四面水沟，广二尺，皆嵌杂宝为花，引水流纹漪像鱼行，此王妃浴殿也。后有梳妆处，皆用光石为之。再出为王浴殿，深广倍之，雕画宝花同。各殿及浴殿浴池上下纯用白石，其光可鉴，比之丫忌喇之浴池，光明广大，过之远矣。隋炀之浴池，凿莲花置凫鹤不见，于此见之。左转为神殿，皆纯用白石，以铜为门，有石台置食物，其门制同丫忌喇王宫之庙。出为大殿左右二十五柱，共五十柱，正北为台，中置宝座，各四柱，亭高丈许，极其雕镂，略与丫忌喇正殿同。宝座台后开一门，与后殿通，四面有栏，亦有宝座，皆白石雕镂为之。柱用莲花座，饰宝石，前对端门，直当头门，极类吾中土禁城规模。宝座台之墙，用杂宝嵌花鸟如生，宝座皆雕花，高八尺，备极庄严，似仿用中土之制也。惟矮小，不及中土之半耳。

王城有摩诃末大庙，崇壮无伦，殿基五十级，广百步，正殿巍峨高十丈，上载数亭，四面崇楼，中有大池，纯红石为之，膜拜者遍满其间，惟回教之庙，必禁人曳履，须跣足而入，故吾皆不入矣。

夕游博物院，有兽如羊而两头，名巴父路见亚。□架所制磁器，似吾

康有为

古钟鼎，有雕花木碟制，颇精，出沙寒挖掘云。

是日遍游访佛迹，皆云无之，凡有所指就而观之，皆婆罗门庙也。小巷之庙，亦皆访问，车不能入，步访之，则湫隘腥臊，不可向迩。童蒙读书，乃无馆舍，就市门前席石而坐，蒙师踞其上，群小儿挟册而哦，额涂丹黄，摇头高讽。昔在伦敦大会中见波散蒙馆，今印度亦如之，其学政不修贱俭如此，逊吾中土远矣。然随意命之写地名，则无不识字者，此则印度之文化欤？店主以未尝有中国人来游，请用中国文字书名手册，册中有日本人来游者。舍卫人面色稍黄，不如各地之黑，宜佛之称黄面瞿昙，而以金涂黄面也。眼多圆大，如所见罗汉形相，一匹红黄白毡布缠肩，曳垂赤足而行，乞食甚多，道上熙攘，触目皆是，有学生大群趋过如此，似所见中土图群僧乞食听经图，数千年未之有改也。凡土人之门皆以白银纸贴棒中，如中土斋醮为地狱之门形，则所游印度各城镇皆是，凡此皆如遇故物，益令人思佛迹不置。而为摩诃末教灭绝，扫地绝无，且问佛而土人皆不知其名，其守博物院者至云此是支那之神，此地无有。呜呼！以佛之千年大教主生长之地，而乃谓为他国之神，大劫如此，岂不哀哉？闻此言伤惨。是夕与同璧谈此，明知怀劫固然，感慨人天，为之哽咽！以诗记其事曰：黄面黑足披白毡，尘沙遍地来乞食。当时瞿昙率徒游，而今扫地无佛迹。缅甸暹罗家家事，西藏蒙古人人祀。旐檀庄严共泥首，日本支那同奔走。岂知佛生中印度，千里无僧无一寺。乃至舍卫生长地，乃知不闻佛名号。博物院中有佛像，反谓此是支那之神道。我闻此言意伤惨，独登鹫岭远眺览。但是恒河东流水滔滔，摩诃末寺插天高。婆罗梵志苦身躯，裸体仰天卧泥涂。供祀妖像羊与猪，马身象首涂粉朱。人持香花与灯具，白牛入庙膜拜咨。弥猴千亿杂人居，施以豆麦走群狙。形俗愚诡可骇吁，如入地狱变相图。遍寻佛教万里无，成住坏空本非相，亿劫变幻只须臾。嗟尔象教浩大亦灭绝，何况人家朝代国土之区区。固知教宗无美恶，视乎人力为张弛。非道弘人人弘道，可鉴可惧可惊瞿。悟入诸天更无着，明月照我自清娱。此月曾照瞿昙面，诸圣河沙皆曾见。今我感怆人间世，劫无免者如水逝。高天苍苍，大地搏搏，欢大地之无碍，乃诸天之常存。是时遍访佛迹，凡有告大庙，皆三踪者访之。

二十日。早食出城，远游舍卫之郊。先游飒德利静陵，其蒙帝玛哈乜萨及其文思妃暨其相沙得僧者也。三百年矣。殿若明堂，五室九个。中堂三丈余，室二丈，殿开九门，三层而至隧道，又三层而至墓，但用泥封。殿顶平台，分左右两阶，上台凡十五级，台广百步，中又为殿，高三层，四角立四塔，外门楼二层，下开五门，顶亦作平台，围墙广数百步，周绕皆作长廊，户用圭形，左右各三十九户，四角墙上有亭，四方有门为四堂，堂各列十户，印度宫殿之壮严多类此。是时有告二十一里外，有舍卫至古之庙，驱车至此，时已正午。道中群山蜿蜒，皆自鹫岭出，高仅数丈，而重环抱，为游印度所未睹，心窃异之。与同璧言舍卫在中印度，临恒河，考地按图，更无他所，语音既近都会，亦应山川潆洄，气象迥异，必为舍卫。既为舍卫，必有佛之遗迹焉。地名钵揩头，至庙下车，则坏殿颓础，触目荒凉，有导游者相接，则告我曰，此二千五百四十二年前之佛所筑讲堂也。其地以铺金易之，今废千年矣。指殿上之铁华表曰，此一千五百零十年阿育大王所手植也。乃与同璧狂喜，知此地果为舍卫，此地即须达长者布金地，此堂即诸经所言只树给孤独园也。恍然见佛与曼殊普贤迦叶阿难舍利弗说法处，至诚所信，虽译难通，而得之意外，乃欢喜无量，俯仰摩挲焉。布金之地，椭圆周七里，其西半尚有泥桥数尺旧址焉。依山营构，其外有山坡，六重环抱至前，而布金地居其正中者也，台观相望，今虽颓废，而石构庄严，遗构多存焉。

二十一日。游舍卫外古城，去城四英里，城高四丈八尺，形势雄峻，盖婆罗门王班道所筑，一千三百年矣。吾国自万里长城外无比矣。女墙圭形，障堡皆尖月形，门上有两窗小亭，饰五采过于吾南京北京城。

城内荒芜，人家无多，凄凉触目，如古筑城有摩诃末庙，临城楼上高印尺二百，殿五开间，无楼，极庄严，其顶同塔则印度大工略同，前已坏其半，盖五百年物也。右有六角崇台十丈，印王诃马润路死葬马，亦三百八十年矣。

距古城十数里，有六百年前回教大僧啀工无颠阿利亚之墓。入门，前为方池，深二丈，后有石级数十，可下石门十二户，上有二层，上三门，下五门，左一亭，右一龛，左亭旁一小堂，右出曲道为一方亭，皆白石为之，纵横六柱，凡三十六柱，葬九棺焉。封大者为大僧王弟咩路揸亚之位，前为其妻，右大者为其弟，余其子也。每四柱有白石圆广顶格，五格为行，五行共二十五格，外环石墙，铁门皆雕镂。

又里许，为印王气埋消巴沙之陵，三百五十年矣。中殿左右各七室，

然十五室上为平台，台上更有二层，其崇五丈，上又为平台，台顶大圆塔，绕以六亭，殿四周绕廊，凡百数十户，四方为门，印度大工之制多如此。始见之极骇其庄严，今已数见不鲜，舍卫古迹，如此甚多，游不胜游，亦倦游矣。

二十二日。游婆罗门各庙。其一庙分在西阶，而上堂中堂有门，外有木栏，内垂帘，开帘为神龛，中供三神，中神名遮根拿地，黄面者。左神人爹霸问黑面，右神呷虑巴打沾白面皆戴冕，衣黄袍，状如猴，白黑面者，乃黄面之妻也。一僧拱立于堂甚恭。其余各庙，诡制异态不可数。拜者皆手携花撒诵经者。其婆罗门分类十，有毡士者，有石蒟支者，有七地者，有的理者，有巴呢亚者，有佳加打者，有挨希者，有吼地者，有拉住者，直居者，有琅家路，有们呢咄路者，有苏拿者，有捞吟者，有卡地者，有摭麻者，有根遮路，有的当，有喂拉尸，有沙尸，有捺打，有租路揩亚，有派路路铺扎，有呢罅要。中印度五大城，皆婆罗门而无杂教，屡访之，皆不得也。此行兼访杂教，甚惜不得见之，惟有英文杂教书二种，将来译之，以求窥其涯略也。

既访杂教不得，乃游植物园，广六英里，当中里二十，盖蒙古帝之御苑，而今为公园也。园悉种印度树木，与卡拉吉打公园略同。惟园中有堂，白石为五室九个，制若明堂，四角有楼，可登顶，顶为平台，可眺望，其中室葬沙之汗女，盖图难士打拉呷，任紫玉埋香，长依香国，英人保护之，亦云幸矣。

堂外台基广百余打，杂列花卉，玫瑰大如中国牡丹，此为印度特种。堂外开四池，四方有四大花厂，皆印制也。又游公园，略与中国园同。但方平箫飒，不见佳处。

访一印度王，乃卡拉吉打所识，约来此相见者未归也。游于市则店肆有大若中土者，其顾绣多用银花，辉丽绝伦，价亦不昂。其雕牙精细，有印王骑象者，须眉缕缕，随风飘荡，索价二百金。其余雕刻，一切无不精，过于中土，吾购一牙刀焉。其首饰嵌金宝钻石皆极精，盖全印中土文物，以舍卫为最也，今则孟买矣。惟访购印度古铜古画则无之，闻其王及士大夫所藏，不可得诸市，岂印分人种皆世其家故也，想三代时亦必如此，是则商货必不兴，民智必不开矣。

晚有波斯戏来，极难得者，往视之，人二元，其戏与中国分毫无异，唱白情节皆同，乃知旧教之国，其文明固相等也，过于印度远矣。挤甚，于是印度王公士夫贵人皆备集矣。其王公士夫皆有从人或十数或数人，皆挟坐毡伺候，有陪坐者，有立侍者，有在远立侍者，久呻揭顾，从者毕立候，与中国贵人意态无少异。衣服瑰诡，帽有方有圆，有黄有红，有尖圆红色，而黄缎横卷之金绣错耀，亦间有一二衣英服者，然甚少矣，闻内地衣英服者皆耻之。自游印度以来，所见印人皆极恶状貌，黑瘠眇小，头脑极小，目光无神，舍卫乃诞佛之地，而人种亦如此，甚疑印度先哲及佛何以能睿哲精深，忽绝异其种人若是，颇疑古今之变耶！今观戏场头二等位中之印人，乃皆头脑广大，目光精采，身体丰硕，乃过于中国常人远甚，与在客店所见在伦敦读书之二印人同，乃知印度上等人固未尝眇小尪羸，绝无神气者也。乃知制作之所由，佛本太子，故能圆满，智慧亦精，而以分别四种之故，致彼下等种人皆不讲文学，不讲养生，等于羊豕，愚贱相传，故种愈坏。夫上等人少而遍国皆下等人，则智者少而愚者多，印度终以见灭，皆由人种不平之故也。吾国经孔子讥世卿立选举后，人种已平，故无此患，然不平之处尚多，尚鉴之哉！印度道中所见，盖无上等人，其上等人深居简出，出必车马，无从一见，惟汽车中，间有一二，亦皆头脑丰硕者。然皆未若戏场之大集，若未见此，几不解印度先哲之何以独能聪明，印度制作文字之何以能有高美者矣，甚矣考风俗之难也。

　　二十三日。游佛庙，在舍卫遍访，只得此庙，特留访之。门巷极窄，惟庙中甚洁，由后门入，后座有楼房，结构玲珑，如中土戏台然，盖为学舍也。登楼循廊乃入佛殿，盖殿基纯在楼上也，在殿上望之，不知为楼，盖纯石成阶故也，中土尚无此巨制。庙甚小，仅三丈，深六七丈耳，然纯用白石极精洁，两廊及前门恰如中七祠庙，皆在楼上，殿三间六柱，亦恰肖中土，柱皆用双神座，高台八角三成，如吾宝座，而以佛像跌坐，纯白石为之，高仅尺余，与卡拉吉打同，不如中土之宏伟。两廊六柱，柱皆刻莲花，上拱左右龛，各供菩萨像五六，左龛曰粗得嬉菩萨，曰铺哈路菩萨，曰稍勿利丫拿提菩萨，曰周卑土马哈住菩萨，左龛曰呢根加周的些路菩萨，曰萨捞菩萨，曰丫的赊路的亨加路菩萨，曰参路菩萨，曰寒嘻菩萨，不知当中土所译经典为谁，或亦文殊普贤之类也。极下为数室，然亦无僧也。入一石楠英婆罗门庙。神为妇人披衣白石为像者。上铺金采，前有池，膜拜者盈地，有以鼻嗅地而不跪者，有覆身于地者。旁后有小殿，

康有为

二神。一吹笛者，廊悬铜钟数十，击者以手过而触之，即成繁声，亦异乐也。

舍卫城营之二百五十年，今少废毁矣。道广大，城外列树成行，走马相望，惟车尘极多，终日飞尘蔽天。酷暑蒸人，全印如此，而舍卫之尘尤剧。英人见居是地者，子孙变相，皆成黄兰色。盖全印之地，实非乐土，且教化风俗束缚极严，全无自由之乐，印度可谓西方极苦世界，惟其烦恼至极，佛及降生是间而超度之欤！

舍卫屋宇极大，租亦不贵，盖印之士大夫既失国家，后日即困苦，英人居是者亦少，故大屋极贱，与卡拉吉打迥异也。英人攻印，先破舍卫。

古印度七大城，而卡拉吉打、孟买、密遮士不与焉。七城皆在印之中，北为印度之中原，故都亘带五河，地最繁庶者一曰舍卫 Srarasti，二曰丫忌喇 Agra，三曰勒挠 Dwcrnur，四曰间波 Cannhore，五曰钵诃 Qahcre，六曰邠杂 Punjab，七曰担裂射 Amritsan，总名之曰五河，犹中土之言九江三河也。五河者，一曰芝林 Gheling，二曰罅匪 Rari，三曰毡鸭 Chenab，四曰呷爷 Bias，五曰渚烈信 Satbaj，五河皆流入恒河。英人名恒河曰针拿 Gumnna，然恒河已极浅小，五河可知。吾尝与印之在伦敦学者言，印度甚好，惜水少。印学者曰支那亦不过江河二水耳，我印度有五河，何少之有。彼以为我国除江河外无水也，其可异如此。观于印度而中国之水流繁衍，支派交错，真天府之地也，何可不自幸而轻弃之欤？无水之国，其辛苦瘠硗，沙漠酷蒸必矣。七城繁兴，以有水故，皆蒙古故王及印度大王所治。

克什米尔，英特驻巡抚于是，为北印度省会焉。克什米尔商务皆聚于是。印人屋室必石，皆出于罅诃，雕镂极精美。间波去罅诃不远，由舍卫汽车往罅诃，此行携寒衣甚少，若往罅诃，必顺道游克什米尔，而时近冬季，克什米尔冷度同于新疆，积雪蔽地，沍寒严栗，实不可行。来印原欲游雪山以避暑，印之雪山，英人所辟，五地皆极繁盛，曰大吉岭近西藏者；曰抹苏利 Musree，曰奶呢多路 Ninetall，曰暹拉 simla，曰吗利 Murree，近克什米尔者，北印巡抚避暑所驻。抹苏利，暹拉总督避暑所驻。大吉岭者，孟加拉副巡抚避暑所驻。近西大城，尚有来编地 Rannehia-bn，抹檀 Madetan 撒沙 Paohauar 阿富汗 eghonaston 以冬寒皆待复期。其近孟买大镇曰普拿，曰奄多不地，亦缓往，乃还游勒挠。二十三日三时搭汽车行，自舍卫至勒挠三百四十英里，约中土千余里矣。汽车十二时乃至卡拉吉打，则九百二十四英里，车行三十六时乃至也。二十四日。早六时到勒挠，亦蒙古帝分藩之地，故王宫最多，规模之大，道路之广，不逊舍卫，而宫室过之，举全印之宫室，无如勒挠，真足惊人者也。客栈极宏丽奇伟，有以印王故宫为之者。驱车大道，屋皆五六层，鬃屋之色，红白黄三者相间。屋顶皆有塔亭，有累塔十余，塔上又无数亭，亭上又为长石表，石表上又立数长石人，以手相接，物既伟大，上摩云汉，白光照人，映带初日，怪伟骇目，若如是者，甚多不可数。其印王故宫皆油黄色，广长盈里，四周为宫室，高二三层，飞阁洞户，复道重楼，连绵贯属。其高峻如禁城午门楼，而列户万千，黄光映日则过之。中为平地，长广千步，正中为二殿，一方一圆，圆者上圆下方如明堂，崇阶数十级，其圆顶之上为平台，台中作大圆塔，四方四圆塔，如京城五塔寺之形，又有十余小亭绕之，其高矗天，皆用纯石，其规模之宏壮，气象之巍峨，不亚吾禁城殿阁，而瑰伟诡异过之。乃今为酒店，盛衰之感，能不慨然！近此宫间，皆茂树连属，道广数百步，芳草遍地，其润泽丰缛，过于舍卫摩竭提二都矣。又游一故王宫，为刁倚不胜王宫也，今英官噤呢顺居焉。门楼五层，五开中高，左右旁陀而不甬道，大树老藤，茂翠相夹，环宫数层，方平广大，以视英伦贤斯睦真宫之遍于阛阓者，相去远矣。至亚呢札附游一故宫，为巴沙驾租颠楷挞王殿也。入北宫门，夹植花树甚盛，道广二丈，长数十丈，宫门或三或五，皆作中高旁下形，门闸略同欧人，无如中土覆瓦如堂者。门内铁栏，上皆有管，以备朝会插烛，想见鸡鸣紫陌银烛朝天气象也。再入内宫，门高二丈许，五开，凡门上所饰，备极瑰诡。有一圆廊，有墙，其深四柱，其长周绕于殿，皆为黄色，崇阶八级，四面各十五户，共六十户，殿上圆如盖而下方，殿内盖六花下垂，花大盈丈，极华严矣。殿上圆顶用金涂，其大盈丈，上戴相轮，高丈余，下围以栏，皆涂黄色，与晓日曈昽相映，绚烂极矣。殿内北有崇座，长亘屋高四尺，陈王故物及像王葬饰帐宴皆在，以红布覆之，全雕人物，楼屋高丈许，备极崇丽。王妃之冠，三重顶作圆塔，上楼金凤与本朝后妃朝冠相仿。出前门，临河平地百顷，树草相间，云是故园图也，今为民地矣。左右有六角亭，花木甚盛，真瑰构也。

有英旧炮台，印人以炮攻之，英兵千五百全没于此，故英人大骇封

之，以为鉴焉。英破勒挠最后。

二十六日。早游恒河，有游艇如西湖船，舟子四五人，英人皆坐船面，以便瞭望，吾亦从之，有藤椅数四可望焉。沿河人家皆居楼阁，高至六七层，真不让欧美也。而楼塔杂沓，盈望万千，塔高多十数层，又有累合十数层塔而为一总塔者，又多在五六层之台上，每台又皆五塔，塔又多在数层屋顶，顶又多亭，又尺寸刻镂，其他亭榭台庙，六角八角，方圆曲尖，高下麟错相望，与乜刁喇相类，而崇壮逾之。然无一寸非石也，盖多千数百年物，印度数千里无山，得石甚难，而大工如此，诚非易易。其石价每长一肘，值八烟拿两卑士，每土木匠一日之工价，值科烟拿，大工六烟拿，工头八烟拿，刻匠六烟拿，一切人工日科烟拿至八烟拿，每人十日食米二十磅，值一卢卑，地价每五六万肘值四五六卢卑，今英人治之百年犹如此，则古者必极贱也。其轿如一大杠，式同日本用四人穿杠中抬之，每人日半卢卑。其度屈两手为一肘，两肘为一扪，其量以斤半为赊，四十赊为一扪。……

二十七日。六时到街亚，无英人店，但有土店，而少仿英式者，甚凄凄。驱车出行，石山秀耸，绵邈数十里，高百数十丈，山顶有塔，巍峙郁然。来往印度七千余里，皆未见山，舍卫石山及此外间有土阜，皆高不下数丈，惟此秀苍有中土意，耳目一新，神气甚乐，望山欣然，意塔必为佛寺也。乃遍游邑市，皆婆罗门庙，无知有佛寺者，为之懊恼。最后有告者曰郭外七英里有焉。十一时行，道中若壑相迎，为印中未见之境，知佛之必曾栖于是也。天大雨泥滑，马不能行，促车夫易马，复蹶不行，两车夫以手推车，又加一夫，车不能行，遥望佛塔嵯峨，与山岚映带，可望不可即，即道中有车过者，呼之皆不肯易也。极天长道树影，夹之雨大天寒，日暮风急，车夫衣少体战，解衣与之。是时天暮欲归不得，幸雨少晴，车夫先走，寺中得白牛车载往，印人之极愚而无算如此。同壁频诵唐太宗三藏圣教序"百重寒暑蹑，霜雨而前踪"，诚重劳轻，求深愿达之言，果有然也，吾今犹若是，玄奘之劳苦可想矣。车中得诗曰："远访浮屠去，天寒霜雨零。泥泞看马蹶，野旷绝人行。树影连孤塔，山岚绕故城。白牛车远远，乘重觉劳轻。"雾雨迷濛，日斜烟冷，放马食草，旷野杳茫，不见一人。仅与弱女及一印仆在车，不能进不能退，即在故乡，亦一危难也。诗云："匪兕匪虎，率彼旷野。"吾道非耶，吾何行至此，遂乘牛车至寺，日已晡矣。山名玛希巴哈，塔名马哈浮屠，二千二百年矣。太路玛棱卡王所筑，行箧无书不能考。有日本人题记曰伽耶灵塔，必有本也。有佛坐之道场，有佛坐石一，石上佛树一，佛亭一，方塘一，佛坐龛十七，完好无缺，比舍卫之残毁，过之远矣。印度佛迹，以此为最矣，岁时有蒙古西藏锡兰大僧来朝，而日本南条文雄及有多僧亦尝朝云。驱牛车印人，项挂念珠，眼大而圆，面黑发鬈而鼻仰，与中土所图罗汉像，分毫不异。口中诵咒曰"嗌其叨颠札虑巴住差宣呀，打那的虾土衣家夺巴打"，不知何云。至寺有僧出迎，衣袈裟如中土者，面色甚黑，如中土所图胡僧形，盖锡兰遣来住持者。寺中仅此一僧，余则为工人，凡二十人。来印往来七千里，仅见此一僧，既喜既叹，佛法之式微，可谓至矣。僧寮皆毁，新修一堂，方广三丈余，以东遍一室，供金身佛像，高三四尺，四壁挂幡磬，多日本人所施者，亦有中国人到此施廧焉。中一室僧所宿，西偏一室，杂置盐酱者矣。堂中多欧人施像，寺僧烧柴以暖客，煮饭为斋以饷客，饥极仅下咽焉。寺居丘阜上，环塔前后左右，僧坟累累，皆作小塔形，高尺许至丈余，皆古德耆宿盛名者。塔有石长方三四尺，乃佛当年晏坐处，石色黑，甚滑泽。台前有栏，倚栏有大树，高二丈，婆娑荫下数丈，青绿如新，乃二千五百余年荫佛之树也。吾与璧女手摘之，得数十叶，以为异宝，可比于阙里之桧。若吾粤诃林之菩提树，为三十四代之后辈，乃此树之曾玄矣。树下徘徊，瞻仰遗泽，不忍去。塔旁环以红石栏，高丈余，厚尺许，雕镂奇古，昔在卡拉吉打博物院见之，英人号为最古物者，乃知自此塔移去也。塔前数十步，有一庙正对塔右一廊，石级五廊，黑如漆，以火照之，有坐立之佛像十尊，面目略同，皆如人长，云天下惟此乃为真像，可与阙里之孔子并重矣。依廊有小亭，荫佛足迹石也。由亭右出数十步，至一白石亭，方广约二丈，凡八柱，与给孤独园之柱同。亭嵌佛像。五亭正临一方塘数亩，有石数十级可下，西南方环以墙，东方临塘之廊作十七石龛，龛深广约五尺许，此亭为佛宴坐说法处，此龛为佛与诸弟子文殊迦叶坐禅处，此塘为佛塔处，塘水凝绿，亭龛净白，花树环外，意境悄然，如见当日佛坐禅时天花乱坠，法云缭绕也。街亚当佛典中何地，无书不能考，然伽耶灵塔佛迹完好，当为印度中第一矣，与璧女同登瞻仰，欢喜赞叹。惜已天黑，不能久徘徊，本欲留宿，惟天气严寒，寺僧无毡，且弱女在此夜深不妥，遂决归。璧女以小金合嵌吾与张夫人妙华二人像施僧，存

康有为

于寺中，僧人出册请题名其上，吾写中文，璧女写英文记焉。索于僧人得大小佛像二尊以归。大者尺许，小者三寸，刻四佛像，其大者庄严极矣，此二千二百年之佛像，最可宝异，在支那者应以此为第一矣。又得梵书三册，贝叶幡一，铜磬一，经三页，解衣裹像及经幡磬以白牛车载还，比之秦景之白马驮经过之矣。使僧读经听之，凡文殊普贤之音，与中土同，其读观音菩萨曰哥德玛逋打，亦与译音不远。僧有佛书一大橱，皆梵文及回文十余册皆日本人所赠也，他日当再觅中土佛经赠置其间。有日本人所施弘法大师所写即身成佛品，笔意遒峭，千年之物，亦可贵矣。弘法大师为日本人，来学中国为清流国师，弟子归而弘大法于日本，今秘宗即其所传，日人伊吕波五十音，即其以中土文傅印音创成，今行之通国者也，以其写经藏之灵塔，可谓相副矣。

归时钟行八点，夜色深黑，寺僧遣二人挟挺送归，道路与谈，乃知此地多盗，故挟挺也。深夜微茫，不见道路无人行，只有林木风声，萧萧树影，英例马车之道禁牛车往来，故驱车者绕道而行，入两山间不见故道。自八时至中夜十二时半，行既缓，数时不至，且未睹故道之山。身挟弱女与一印仆，绝无寸刃而行万里之外，绝域异国，旷野深山之中，深夜无人之境，又非故道，心疑车人异谋，遂为震慑。每问去市几里，则时时云三英里，再行一二时，亦云三英里，益疑其异而无可如何。吾既惯遭危难，此身尚在死境，阅之寻常。惟念弱女甫出，即遭此险难，无以见吾母耳。吾不死于大难而死于此，命也夫！同璧胆气极壮，始尚诵诗畅谈，继而支持不得，已而闻虎啸声，又闻大嗥声，庙人送者曰，此群狼也，此地多虎狼，时有食人者。既素知印度多猛兽，乃益震恐，夜深天寒，腹饥身寒，与璧相抱持，勉强慰藉，以观其变。吾既素讲不动心之学，坚持以镇定之，至一时转入故道，渐望见灯火人家，乃少释然，二时半乃还，至店已乏卢卑，从人易金，以待以食饷庙中送者，店主留餐以待，归来沐浴饮酒饱餐，与璧追谈夜间迷道事，相与庆更生，饮酒毕，天已明矣。自店至寺七英里，不过中国二十三里耳，马车往时，天雨泥泞，仅行二时而至，而牛车夜归，自八时至二时半，凡六时半，安得不惊。盖自北京出险以后，未有若此夜者。璧谓得此佛像，诚非容易，幸求深愿达耳。然经此险后，游兴顿减，归心遂生，有如败军之将，胆汁已破，不可言勇，须待少养之，乃能整军再出，故二十九日决先归卡拉吉打，乃拟他游焉。

康有为

法兰西游记

光绪三十一年七月二十二夜，自德之克虏伯炮厂往法国。八时，汽车行，频渡河，汽车入船中而渡岸上。睨灯火楼阁，闪煜辉煌，经大城市无数。十一时，到奥斯鹿林州，自此易法国车，车场闳大甚，关吏验行李讫而行。此州为普胜法时所割，城郭人民无恙，而主者易人，三十年前读普法战纪至此，见之怆怀割据。自此入法境，皆普国用兵之地，惜深宵高卧，不克一一亲见之。二十三早六时，到巴黎矣。

往闻巴黎繁丽冠天下，顷亲履之，乃无所睹，宫室未见瑰诡，道路未见奇丽，河水未见清洁，比伦敦之湫隘则略过之，遍游全城，亦不过与奥大利之湾相类耳。欧洲城市，莫不如此，且不及柏林之广洁，更不及纽约之瑰丽远甚。其最佳处仅有二衢，其一自拿破仑纪功坊至杯的巴论公囿十余里，道广近廿丈，中为马车，左道为人行，右道为人马行。此外左右二丈许，杂植花木处，碧荫绿草，与红花白几相映。花木外左右，又为马车道，马车道内近人家处，铺石丈许，为人行道，又植花木荫之。全道凡花树二行，道路七行，道用木填，涂之以油，洁净光滑，其广洁妙丽，诚足夸炫诸国矣。今美国诸大城市胜处，皆用此法，惟夹马道以树。树外左右以炼化石为人行道，仍荫以树，则为三条道，或树外再用马路二条，则为五条。柏林至大之衢名哇者，仅中列花树一林，旁马行路又车行路，近人家处为人行路，仅六条，花林又少其一，皆不如巴黎也。今美墨各新辟道，皆仿巴黎，道路之政，既壮国体，且关卫生。吾国路政不修，久为人轻笑。方当万国竞争，非止平治而已，乃复竞华丽，较广大，斗精洁，以相夸尚。则我国古者至精美之路，如秦之驰道，隐以金椎，树以青松，唐京道广百步，夹以绿槐，中为沙堤，亦不足以与于兹。他日吾国变法，必当比德美法之道，尽收其胜，而增美释回，乃可以胜。窃意以此道为式，

173

而林中加以汉堡之花，时堆太湖之石，或为喷水之池，一里必有短亭，二里必有长亭，如一公园然。人行夹道，用美国大炼化石，加以罗马之摩色异下园林路之砌小石为花样，妙选嘉木，如桐如柳者荫之，则吾国道路，可以冠绝天下矣！巴黎此道旁之第宅，皆世爵富商，颇有园林，亦有壮丽者，然不及纽约之十一矣。近园处则百戏并陈，傍晚时则车马如织，盖巴黎马车六万，电车二万，夕阳渐下，多会于是。士女如云，风驰雷骤，而电车疾速，马车少不及避，辄撞翻，绿鬓红裳，衣香人影，忆昔在上海大马路大同译书局倚栏而望，自泥城桥至愚园西园等处，颇相仿佛，但逊其阔大耳！他时更筑丰镐，别营新京，以吾国力之大，人民之多，苟刻意讲求，必可过之也。

十约法之有繁丽盛名，乃自路易十四以来，世为欧雄。而路易十四，欲以隐销封建，乃特盛声色之观，园囿之美，歌舞之乐俾十万诸侯，乐而忘反，皆沉醉于巴黎，奔走于前后，而不欲还其荒山之宫垒以练兵治民，所谓此间乐不思蜀。柔肌脆骨，非复能以雄武抗叛，而路易十四不折一矢，得以统一王国，因益以矜夸诸欧，成为风俗。至今游其市肆，女子衣裳之新丽，冠佩之精妙，几榻之诡异，香泽之芬芳，花色之新妙，凡一切精工，诚为独冠欧美，然此徒为行乐之具，而非强国之谋，路易十四以收诸侯，则诚妙术也。今沿其故俗，欲以与天下争，则适相反矣。人艳称之，法人亦以自多，则大谬矣！

自埃及华表至百丈铁塔处，楼馆夹临先河，为故赛会地。赛会故宇宫馆十数所犹在，皆瑰伟诡异，长桥横河，金人金凤十对夹伫于桥，殆如汉承露台之金铜仙人掌，瑰丽极矣。过武库拿破仑陵塔而至铁塔，铁塔高九百余尺，上侵云表，冠绝宇内。楼塔四脚相距百数十丈，下为公园，士女掎裳游坐其间，埃及华表左右，亦为公园，花木交荫，而戏园游场多列其旁，至夕电灯万亿，杂悬道路。林木中马车千百，驰骤过之，若列星照耀，荡炫心目，然电灯之繁丽，不如纽约之欢娱，挨论马车林木灯火连亘十余里，尚不如印度之卡拉吉打焉。新赛会场，采法国之胜，而奇伟过之，然皆毁去，则宫馆楼观桥道之瑰犹存者，此地仍可称焉，此亦非妄有名者耶！自纪功坊至护华故宫，则大戏院酒楼大肆咸在，道皆夹树，士女游者昼夜不息，全都公园，大者十五，小者十，戏班十五，巴黎所称号繁丽者，尽在此矣。此吾见其百戏之园，万兽之图，不如德甚。或谓巴黎之以繁丽闻于大地者，在其淫坊妓馆，镜台绣闼，其淫乐竟日彻夜，已领牌之妓凡十五万，未领牌者不可胜数。若其女衣诡丽，百色鲜新，为欧士冠，虽纽约犹仿效之，果若此，则诚可称，此则若吾国之上海耶，非旅人所能深识也。以吾居游巴黎之市十余日，日在车中，无所不游，穷极其胜，若渺无所睹，闻而可生于我心触于吾怀者，厌极而去，乃叹夙昔所闻之大谬，而相思之太殷，意者告我之人，有若乡曲之夫，骤至城市，而骇其日日为墟者耶！要而论之，巴黎博物院之宏伟繁夥，铁塔之高壮宏大，实甲天下，除此二事，无可惊美焉。巴黎市人，行步徐缓，俗多狡诈，不若伦敦人行之捷疾，目力之回顾，而语言较笃实，亦少胜于法焉。吾自上海至苏百余里中，若营新都市，以吾人民之多，变法后之富，不数十年，必过巴黎，无可羡无可爱焉。法自道光五年始开机器，晚矣，学问技艺，皆远不如德英，彼所最胜者，制女服女冠之日日变一式，香水之独有新制，首饰油粉色衣讲求精美，此则英美且不能解，其俷色揣称之工，然吾何取焉。未远游者多震于巴黎之盛名，岂知其无甚可观若此耶！若夫览其革命之故事，睹其流血之遗迹，八十三年中，伤心惨目，随在多有。而今议院党派之繁多，世爵宫吏之贪横，治化污下，逊于各国，不少受益，徒遭惨戮，坐睹听英美之日盛，而振作无由。士人挟其哲学空论，清谈高蹈，而不肯屈身以考工艺。人民乐其葡萄酒之富，丝织之美，拥女之乐，而不愿远游，穷夜歌舞，惰窳侈佚，非兴国者也。法人虽立民主，而极不平等，与美国异，其世家名士，诩诩自喜，持一国之论，而执一国之政，超然不与平民齐，挟其夙昔之雄风，故多发狂之论，行事不贴贴，而又党多，相持不下，无能实行久远者，故多背绳越轨，不适时势，人性之宜，经百年之数变，至今变乱略定，终不得坚美妥贴之治，徒以无数人血，今英德各国有所借鉴而善取之，则法国乎，为人则太多，自为则非也，其奈俗化已成，无有能匡正何？闻法人质性，轻喜易怒，语不合意，从君万曲梁尘飞。夫轻喜易怒者，野人之性也。法人犹未离之耶！德英皆沉鸷，不轻喜怒，故强能久，二族之性，可以观其治矣。

自埃及华表至铁塔中间数里临先河处，皆故赛会地，楼馆桥道，皆至华丽，华表前敞场千步，电灯林立，车马如云，赛珍遗馆，今犹存有二处，一必地宫前临草池，四角崇穹，中为圆穹，一为忌连宫，以玻为瓦，周以花木，后临先河，皆最壮丽者也。长桥数四，一皆伟观，一直通拿破

仑陵前之铁桥。其第三桥为亚力山大桥，尤当孔道，而奇丽甲天下焉。其广数丈，电灯繁多，夹桥两边，其两桥头之四角，皆有华表，上立金人一，金马一，面为金凤，大丈余，光采照耀，十余年常新，想糜金无算焉。

登铁塔

　　天下之大观伟制，莫若巴黎之铁塔矣，当首登之以望巴黎焉。吾游观必先择高处以四望，可揽胜概。吾少从先祖述之公登五层楼，于连州登画不如楼，昔游江南登雨花台，游扬州吾登琼花楼蕃厘观，游西湖先登吴山，游武昌吾登望江门巡城而至黄鹤楼，游桂林吾登独秀山，所至各国皆是。以吾所登之塔，若吾粤梁时之花塔，镇江金山之雷峰塔，北京则西苑内之白塔，城外之天宁寺塔，西山之碧云寺后魏氏白塔，而手扪西湖之净慈塔，多数千百年古物，而上海若龙华寺塔，则不足数。若游日本江户，登其浅草之凌云塔，至缅甸登其王宫之木塔，游锡兰登其古寺之千年旧塔，游印度所登塔尤多，而舍卫城中鹫岭顶之塔，及佛祇树给孤独园前七百年前之回王所筑塔，而卡拉吉打公园中之英人纪功塔，尤高峻矣。欧美高塔尤夥，其在德则议院前之纪功塔，若瑞典之思间慎公园顶塔，英水晶宫之塔，若美则华盛顿之方塔，波士顿之纪功塔。若是者皆宏工巨构，四十余层，高数百尺，并有名于宇内。若印度之阿育大王筑八万四千塔，吾手扪其数塔焉，而宏观大起，杰构千尺，未有若巴黎铁塔之博大恢奇者。盖有意作奇，冠绝宇内，真可谓观止而蔑以加者也。铁塔筑于光绪十五年，当西一千八百八十九年，盖见败于德后，民力甫复，因赛会作此塔，以著民物之丰享光复也。全塔体方，此铁枝凡分三层构成，其下层四脚斜撑于地，而嵌空玲珑，高三百尺，四脚相距亦数百尺，每脚奇大，立于四隅，每隅以四柱上矗，成四大室，方广十余丈，内有机房办事房及上下机亭，成一座落，由其塔之四脚下插地处，望塔之最下层，已如云表，巍峨无际，盖已在三百尺之上，中国楼塔已无有其高度者。即大地各塔，至高者亦不过尔尔。然置于此塔，乃在其至下耳。四隅皆有上下机亭，可引机而渐升，每至一层而歇，又待人而上下焉。每小时上下一次，自七时开机亭，至夕十一时止。夕七时后，上中层皆不复升矣。此下层每面，柱二十，圆拱八，每柱距丈余，下层中楼分上下二成，皆有回廊，低数尺，此层中戏院酒楼茶馆球房乐室无数，女子占地卖物者甚多，游人如蚁。其戏院在餐馆正中，凭栏把酒，可望远，其酒楼五层，置其中尚渺然卑小，则但其一层之内容与其繁闹，已如一闹市，自远望之，如天际云中，玲珑楼阁，几疑蜃楼海市焉，其得未曾有之瑰制巨工矣。周步回廊，俯瞰巴黎，全城三百万人家楼塔宫殿，高高数层者，皆在脚底；车驰马骤，皆如寸许，杯论公园池岛邱垤，若指于掌；其俯视城郭人民，已觉渺然，盖已高如天上矣。自下层至中屋，亦复四隅各有四柱，共十六柱，斜插而上。又二百尺，至中层四面，周以回廊，皆赁于妇女，陈设售物。中有酒楼，广十余丈，四方四大柱，余柱各距丈余，中有十字交柱，此层去地五百尺，俯视城郭人民，如垤如蚁矣。汉时神明台井干楼，高五十丈，正与相比，而井干之制，亦与此塔制相类也。自此层以上，柱皆直上，四周用四大柱，合凡十二柱，其中皆有十字铁板，斜交贯之，每十字斜架约二丈，直上二十一架，凡为四十余丈，将至上层，塔渐狭，改作六柱为六角，以至于颠，塔中央有一大柱，置上下机于柱中，有小层置机器，有房，但不设酒楼杂肆矣。大柱外夹以两小柱，又一柱作旋梯，人可步行，至顶，此中央柱自二层起也。乃登塔上层，高九百尺，广百尺，八角式，回廊四望，顶作平台，有一八角亭，再上一大柱，上有宝相，高二三十尺，以验风。此层俯视云气，凭虚御风，鲁河萦带，远山堆垤，杯论园青绿如掌，巴黎全城，如缩型之泥木室矣。计大地古今之塔，皆狭仅盈丈，安有三十丈之上作闹市，九十丈之上陈杂肆卖酒者乎？杜高部登慈恩塔，至诩为高标跨苍穹，七星在北户，若登此塔，不知更能以何语形容之。天下事往往所见不逮所闻，昔早闻此塔而见拓影，绝未惊奇，今亲登之，乃惊其奇伟冠大地，觉所闻远不逮所见也，惟此塔而已。近夕辄登，凡登塔前后三次。

　　登铁塔顶与罗文昌周国贤饮酒于下层酒楼高三百尺处凭栏四顾巴黎放歌。

　　浩浩凌天风，高标卓碧落。邈邈虚空中，华严现楼阁。神仙蕊珠殿，人间误贬托。高高跨苍穹，仍插尘中脚。霓裳羽衣舞，夜夜月里乐。玉女紫霞杯，一饮成大药。回头凭紫阑，忽尔生玄觉。俯视下界人，城市何莫莫。河水萦若带，远山绿一角。闾阎何扑地，殿塔数历落。冈陵抗园馆，有若蚁垤作。问此何都市，巴黎称霸国。千年大都会，繁华此窟宅。人户

三百万,烟树交迷错。时有英雄人,扬旗震天幕。下指纪功坊,石马欲腾跃。却怜八十年,革命频血薄。去去上青霄,更登上层阁。寰瀛我踏遍,名塔登无数。只许绕膝下,阿育见应怍。摩天九百尺,云构巍岳岳。呼吸通帝座,碧霞仰斑驳。深碧池中海,渴揽同一勺。汤汤太平洋,横海谁拿攫。我手携地球,问天天惊愕!

铁塔前度桥,有圆殿,万户圆周,上下左右,耸二小塔,乃故赛会地正堂,今为博物院。据冈营构,前斜坡皆植花木,庄严伟丽甚矣。下为学堂,上置古物,皆各国殿塔柱础残石或整室,自印度、埃及、波斯、突厥、希腊、罗马古物莫不备,皆数千年之珍物,雕刻奇诡,宏巨嵯峨,全屋移来,费力无数,盖非拿破仑不能得比,欧土各博物院皆有,而莫此院之多矣。有巴西人尸,以手抱足而绳缠之,其画极朴拙,有掘地马拉刻石,马达加斯加物甚多。摩洛哥物亦多,其王衣白衣,墨西哥文及像尤多。盖法曾得墨,故移来也。

过一石像,圆崇屹屹,上立女像天神,手持花枝,下坐三神,盖自由平等同胞三神也,以示教焉,此则法之特色也。法人今操进躐等而召乱祸,他日大同世必行之。

游护华博物院

护华博物院,此院以故王宫为之。宫皆石筑,虽二层,然体制瑰伟,雕刻甚精,欧洲各国王宫,皆远无其比。盖各王宫皆一小方院在市中,惟此宫居巴黎之中,横排数百丈,正中深入三四十丈,而两旁朝拱之,若吾午门之制。前后左右,门阙观,庄严高数丈,可容有楼之大马车往来,正面敞地数百丈,若吾天安门外,而外为公园,横临先河,前无少障,虽方正宏伟,不若吾禁城,而庄严亦类之。若其雕斫之精,则固非吾国所有,不待言矣。即此宫推之,法国君权之尊,亦可推想,既非一统天下,而尊严若此,宜其召民变哉!

万国之博物院,以法国为最,法国七博物院,以此宫为最。夫天下之好奇异者,法国为最,法既久为霸国,文学既极盛,而又有拿破仑四征不庭,敛各国之瑰宝异物,而实之于此院,欧洲既无第二拿破仑,则自无第二之博物院矣。故此院在今世界上,无与争锋,必待复有拿破仑,又敛各国之瑰宝异物以集于其国之一院，或能胜之。今也则无，故欲观博物院者，不可不游巴黎，亦不可不游护华故宫之天下第一博物院。

此院之物，瑰宝异器，不可胜原，繁颐夥颐，过绝各国。其名画名石刻，埃及希腊罗马之古物，堆积骈比，直与意国争长，而远非他国所能得其一二也。珍异填凑，应接不暇，既太多矣，虽极精美，在他处为希世之珍，在此院亦了不觉，若欲按图细观，非一月不能得其梗概也。埃及文似吾钟鼎，希腊文似吾古文，乃至笔意顿挫，何其酷肖，时相近者，制作亦近矣。

希腊纸似布，文亦似印度之山士诘烈文，有作者，似缅甸文。

埃及古器凡数室，其玉石器精工滑泽，已如今日，但太久多变绿色。其石器上多刻人形，亦多刻文字，故体裁易别，其石瓦器有如中国神牌者，亦可推进化之理。其罗马时之画亦甚多，盖出于邦㴼也。虽比今稍拙，然着色甚厚，盖罗马人极明秀，故发达甚早也。

有大宝石瓶二，高五六尺许，一淡红，一灰色，光可照人，缠以金绳，以二小儿作耳。盘盂如此甚多，宝色精光，并刻鸟兽花果，皆逼真，不暇一一记之。若欲考工，非博见此物，岂能致精而入古乎！

拿破仑既灭罗马，移其宝器来巴黎，虽二千年之大石与砖，亦皆移入，以其故石作尼罗宫之缩型于院中，亦可谓异构矣。

波斯突厥之壁，以五色砖丛叠为之。彩色斑斓，古雅夺目，亦立壁于是，刻花刻人及虎，怪伟甚，凡数壁焉。

小亚西亚文字，末处多尖，疑刀刻也。颇类吴时天发神谶碑笔意，其刻像亦佳。中国物甚少，画凡十帧，皆下品，惟传夑指画及陈洪绶一画，尚为雅品。余皆观音关帝罗汉像，然罗汉像着色尚深，有吴道士墨刻观音，其三大士像秦曹所画者。

游歆规味博物院

歆规味博物院，此院一千七百年路易十四所开，求游此乎，则伤心处矣！郜鼎入于鲁庙，大吕移于齐台，中国内府图器珍物，在此无数，而玉玺甚多，则庚子之祸也。呜呼！观内府玉印晶印无数，其属于臣下者不可胜录，今但摘玉玺录于下：一太上皇帝归政仍训政玉印一盒，凡三印。其

康有为

一文曰得遂初心，盖高宗授位睿皇后之印也。吾睹此伤痛归政仍训政之夕，在当日为创制古今未有之盛事，不意今日取法，为篡废之奸谋，以此之故，数千年珍宝，乃至祖宗之传授玉玺，皆不保而流于敌国，此物之在此，为此故也，中国几亡，黄种几灭绝，为此故也。呼！

呜呼！高庙雄才大略，每日必作四千言，想下此印时，鞭笞一世，君权之尊，专制之威，于是为极，并世无同尊者，遂以结中国一统帝者之局。岂意不及百年，此玺流落于此。昔在北京睹御书无数，皆盖此玺文，而未得见，又岂意今日摩挲之，岂止金铜仙人辞汉之歌而已耶！

高庙有诗曰：八旬天子古六帝，四代曾孙予一人。福寿至隆，结大地大帝之局，此后地球合一，亦必无此尊崇。此时中国闭关熙熙，自乐自大，岂知尔时法革命大起，华盛顿忽兴，华忒之机器大行，大地大通，而大变在，日用此宝时耶。祸福无端，消息盈虚，与时偕行，岂可以目前定之哉？故君子不自满假，居安思危，处常思变也。

此二玺玉皆最美，他玺不及，非盛时安得有此耶？觚哉觚哉！

圆明园毁于庚申之役，是役法国与焉，此玺或庚申流落。嗟乎！京邑两失，淋铃再听，而不之戒，岂非安其危而利其灾耶？苟不若此，国安得亡？睹玺凄然！记十年前曾游圆明园，虽蔓草断砾，荒凉满目，而寿山福海，尚有无数殿亭，有白头宫监守之。竟日仅能游其一角，有白石楼一座三层，玲珑门户，刻划花卉，并是欧式，盖圣祖所创，当时南怀仁、汤若望之流所日侍处也。圣祖疏通知远，早创此式，以广鲁于天下，孔子之为明堂制也。上圆下方三十六牖，七十二户，皆为今欧美之先河，惜后世不善读者，误守屋卑污方之旧，而今为欧人所轻也。

殿在乾清宫侧，上日读书阅奏疏于是。戊戌七月，上锐意变法，欲召新政诸臣入懋勤殿行走，以备顾问议大政。盖用圣祖用高江村徐东海入南书房之例也。咸丰之时，用何秋涛郭嵩焘入直，当时号称二凤齐飞，故李芯园尚书以为请，议以此殿为枢密之内议院，议选海内名士咸集于是，吾弟幼博亦被荐预焉。上发十朝圣训与谭复生检阅故事而后发诏，将大涣汗，改元维新，事未定而难作。吾既远亡异国，而此殿玉印，亦流落绝域，睹此凄痛得诗。

忆昨维新变法时，延英选士赞黄扉。明堂大启咨群议，草泽旁求助万机。岂料群龙成血战，当年二凤话齐飞。凄凉回首懋勤殿，玉玺迁流国事非。

其如意甚多，有翡翠全枝者极美。磁者极清雅，其铜铁如意不可数。

有绵恩所写佛经甚精，绵恩仁宗皇子也。封定郡王，好事，颇有名。见觅尸多那国女服长衣全白而束阔带缴绕，极似印度。食盘甚大，二尺许，亦似印度。食时以布蔽须，亦良苦矣。须发皆无用物而害人事，何不剃之，而劳以布障之耶。佛法原是发须并剃，一丝不挂，乃为清净也。此国近黑海，乃有印度热带服，大奇，更当考之。

又游乾那花利博物院

乾那花利博物院，此院一千八百七十九年开，亦伤心地也。院为圆式，内府珍器，陈列满数架，凡百余品，皆人间未见之瑰宝。精光射溢，刻镂精工，有碧晶整块，大五六寸。一白玉大瓶，高尺许，一白玉山，亦高尺许，所刻峰峦楼阁人物精甚。其五色玉盘玉池玉屏玉磬玉罗汉玉香橼皆精绝，亦多有刻字者。玉瓶凡十一，大小不一，皆华妙，有玉刻绮春园记十简，面底皆刻龙，精绝。一白玉羊大三寸许，尤华妙。如意亦百数，以红玉镶碧玉及白玉者佳，有一纯白玉者，至清华矣。其他水晶如意磁如意，亦极清妙，其铜铁如意尤多，不可数。其刻漆堆蓝雕金之屏盘杯盂百器甚多，皆非常之宝也。

其御制磁有字者甚多，多御书印心石屋墨宝六幅，金纸印心石屋图三幅，亦刻龙，斋戒龙牌一，封妃嫔宝牒一，其他晶石漆瓶盘，人物无数，皆中国积年积世之精华，一旦流出，可痛甚哉！

有君士但丁古石数四，文似希腊埃及，物亦多，最难得者，埃及古画也。

其纸似明绢，有纸绘之，大画方四尺，其衣折钩勒，颇类吾元人笔意。其中座藏书，而藏中国、日本、埃及书甚多。

法之名王名臣像，多列其中，见和普国之爹亚像，清秀带发，太史公称张良貌如妇人好女，吾于爹亚亦然，即华盛顿亦不过端秀耳。盖盛德之人，文明和顺，不尚魁奇耶。又有路易十六像，在断头台，以垂戒也。百年来，皆自路易十六而大变生，自爹亚而民主制定，是二人者，法之原始要终者也，所关亦大矣！

吾游街衢，过路易十六之坟，方广数丈，式如神龛，其从官兵九百余人从死者，与革命之及伦的党诸名士见杀者，并葬于此。民具尔瞻，亦千古之大鉴矣！孟子曰："暴其民甚，则身弑国亡"，此放桀杀纣之亳社太白旗也。流厉于虡周公共和，我固有此故事，特法之变，流血尤多，震惊欧土，波及东洋，罢弃君权，改行宪政，大地数千年来，为升平之第一关键，则其波澜浩漫，殆世界近事未有大于是者也。惟路易十六自开议院，究非暴君，乃遭滔天之大祸，而为专制君主之永鉴，斯为不幸也。

康有为

补德国游记

光绪三十二年丙午十一月十九日。自瑞典行，极目铺雪尽白，二十夕到柏林。

光绪三十二年丙午十二朔夕五时，自嘻顺公国京渡来因河，长松夹道，苍翠无尽，车坏少停而修之，徘徊松间，气清神暇，回望嘻顺京楼观峥嵘，河流汪洋，一时许至冰靳邑宿焉。自此夹河皆山，依山皆垒，数百里相望不尽。冰靳邑仅数千人，前临江之山，有西十二纪来因士太垒。屹然垒中，双塔高拱，山角则旅爹士太塔，山颠则有奈顺拿路像，宏巨甚，昔战罗马之名将也。河之中则为梅牛谈垒塔石，壁上则为申喧垒，申喧垒上下方园咸备，布置极佳。昔申喧公恶其夫人有外交，置铁匣中而饿死，即在是垒。此数垒皆冰靳河前数里，一望可数者也。行数里至嘻伦科路士垒，新修五十万金，规模尤闳，上园垒三，下园垒四，建旗于第五层最高处，崇阶数百级而上，环堞甚远，方园大小之垒，尚无数，下临河干绝壁，有人家百数，景亦最佳。今其家人传爵未绝，时来居之垒中，陈设亦甚精丽也。

又过数里山颠为峨方斡丁非路士垒，凭最高之石壁，上多坏矣。今余方垒，高下凡五，其故家伯爵，岁来避暑。此山足有小村，亦名丁非士，人家数十，古屋二层，甚卑小，人贫而衣敝，盖穷乡也。过此山有诃溺垒，大园垒各一，低处园垒一，大方垒二，高方垒一，稍远方垒一，错落极可观，今名海卜垒。所环堞甚远，对河凭山麓曰罗垒，败废矣，今仅余二者。行数里山颠有西十二纪之科士淡壁一园垒，极高大，二方垒稍低，余皆倒坏，则壁犹有存者。对河南岸人家百余，屋颇整峻，惟山石作大斧劈甚粗，上有那灵靳垒，甚颓废矣。来因河流已窄，又多洲渚，故极可观，河中岛名靠，数里至巴尾拿村，人家数百，颇整，山上有废垒基甚

183

大，今余败墙数四耳。垒名士打炉益，言铁角，喻其坚也。夹河山高皆数十丈，总名皆曰来因也。山皆可耕，种葡萄甚盛，掩被山麓，夏时尤芳菲。来因葡萄酒甚有名，吾饮焉。行数里，至花士村，以石筑河堤甚整。山上有葛顿非路士垒，高下皆方垒，行数里，至孙壁村，村前有古塔废矣。村后山颠为阿卑匪垒，前高下园垒二，后六角垒一，余多废，壁犹屹然，城址甚大，环山下临河，河流甚窄，故此城尤扼险，人家宅舍二层颇高壮，人貌秀彻，沿河皆然，冠于德境，宜有百战之争也。行数里，河有七石，以瑞士高峰之翁芙劳名之。滩溜湍激，船过甚险，德人以为滟预堆也。自此山石危矗，其罗厘黎山峭壁临江尤耸，然横叠处，顶着酒楼，风景至佳。过此山麓，有咳如寺，高塔苍苍，行数里，为多论望壁垒，上垒园，下垒方，夹河人家数百，北曰山戈，南曰山戈敲顺，屋甚壮美，河岸敞整，山颠有二垒，亦名山戈，坦堞多废，惟新修者甚妙严，盖废垒即路多父所毁者。……

过数里，至山诗村，山诗择言涩也。山上凡二垒，高垒为廉士哩便士歹，低垒为士颠壁，二垒距数十丈，昔者兄弟二人不和，终日操戈，各筑一垒以相拒云。

自山诗以南，皆崇山危石，自过山诗渐北，山稍斜迤，渐开平原矣。葡萄满山，河岸有阑，冈邱绵亘，其颠茅亭临崖，木栏长迤，夹径幽林，风景至佳，盖人家园林来避暑者。行数里，南岸人家数百，屋甚整美。又行数里，山尽为坡，河流回曲，开小原，临河人家千数，屋尤靓丽，园林楼阁，佳妙幽秀。行数百里至此，眼界一新，盖富人多爱河流，来此避暑故也。既山尽而为平原，垒亦渐少矣。河中有挖泥船二，长平底轮船二，自此以下，平底轮船相望，盖前此夹流皆山，故刮溜峻急，河流可深，今为平原，浮泥易淤故河广而浅也，此亦大地河流公共之势也。南岸山顶，有哩建匿垒，其山足亦落为小原，有阿士爹士卑村，人家百数，行数里，群山皆尽，遂开大原。坡埠肥润，深冬而一绿无际，其地之沃可知也。南岸冈颠，有赤士卜垒，上为高塔，下有方堞环之。当此群山之冲，扼河流处，有沙立曼之连士古城，环长百余丈，垣堞如中国城。中有石坛临河干，下作六角亭，登亭上二成，共二十级，以灰沙作地，外周铁栏甚新，盖重修旧迹者。此坛即沙立曼即位处，盖佛兰觐之兴，即起来因河畔，历世增拓，日以广大，至沙立曼之父披宾，遂三分有二，而沙立曼乃成统一欧西之势。

　　盖以欧土形势论之，罗马起于南欧半岛，德意志后起而逐鹿与争，若在多铙河奥境，或在先河法境，皆与罗马太近，而邦围之开辟不固，人种之杂化难驯，故法奥久为罗马所定，即罗马亡后，高卢伦巴，亦难别成一坚强之大国也。若在北海波罗海边，则今普地尚在，老林人烟未辟，固无庸议，且荒寒瘠壤，亦非所以造初开之人民，惟萨逊依山为雄，地奄今德东之半域，南阻阿尔频与波希面之雄岳二重，沙梨河贯其中域，此真西向而争霸于欧北者，若萨逊胜佛兰觐，则全欧之一统在萨逊矣。其频瑞士府波颠湖之旧（的嘘）灵靳国，两失其势，固不足与争雄矣。惟佛兰觐起于来因河，水土沃而富，地势险而广，背海而东南争，其势实有胜于萨逊者。一有英主出，内平群雄，外与萨逊百战而灭之，遂以余力，收阿尔频山北，多铙河南，东取高卢，南定伦巴，欧西一统之势遂成，观沙立曼即位于连士，进则大会于佛兰拂，退则西保于亚痕，以为东西都，盖皆不离于来因河之流域，而千年之德意志帝王力争者，亦遂在来因河流，德法既分，于是两国千年兵争，亦在来因河岸，故来因河乎，真德人立国之本也。故德人之来因河歌，爱来因河如命，路易十四取来因河，德遂分散而破碎，而俾士麦破法，亦以德来因河故址为完固，自是俯临巴黎矣。盖欧境分碎，实无一中原之奥区，阿尔频山波颠诗湖，徒为百战之孔道，如春秋之争郑虎牢，南北朝之争江淮，此不足以立国者也。从古强大之兴，皆起于边地，故萨逊如晋，表里山河，佛兰觐如秦，关中天府，以临东诸侯，终得胜势，法之高卢如楚偏在　隅，（的嘘）灵靳如韩魏，居于中原，难展拓矣。然则沙立曼之兴，固由人杰，亦地势之所凭致然哉！天下皆有英杰，若其成就之大小，则必视其民族地势之如何，罗马以最得地势于往古，故致一统，苟非其地，则迦太基非无汉尼巴，亦难成耳。登兹坛也，想见汉高光武之霸上鄠上，凭眺山河，弥增感喟耳！

　　来因河连士古城临河石坛为沙立曼即位处凭眺放歌。

　　来因河流滔滔徂，群山环走石气粗。百垒摩天半废枯，渐落平原草木腴。古城扼河冲要俱，石坛临流铁栏扶。云是沙立曼即位之遗模，旌旗影绝卫仗逋。河山壮伟自萦纡，尚想鄗上遗雄图。佛兰拂大会诸侯作东都，亚痕阻海关中无。根据尽在来因乎，来因河流德人命，据

险东争终取胜。吁尔萨逊表山河,蜀晋终难一统竟。德法千年铁血多,孰成霸者来因波。路易十四俾士麦,后来之英奈尔何?霸图大小得失在地势,横览天下无殊科。石坛兮嵯嵯,云影浪流共婆娑,江山凭吊夕阳过。